DE LA ESPERANZA A LA PENUMBRA

Cigarrón, su último vuelo en Amazonas

ExLibric

BALMORE ORDÓÑEZ HERRERA

DE LA ESPERANZA
A LA PENUMBRA

Cigarrón, su último vuelo en Amazonas

EXLIBRIC

ANTEQUERA 2021

DE LA ESPERANZA A LA PENUMBRA
CIGARRÓN, SU ÚLTIMO VUELO EN AMAZONAS
© Balmore Ordóñez Herrera
Diseño de portada: Dpto. de Diseño Gráfico Exlibric

Iª edición

© ExLibric, 2021.

Editado por: ExLibric
c/ Cueva de Viera, 2, Local 3
Centro Negocios CADI
29200 Antequera (Málaga)
Teléfono: 952 70 60 04
Fax: 952 84 55 03
Correo electrónico: exlibric@exlibric.com
Internet: www.exlibric.com

ISBN: 978-84-18912-70-2

Nota de la editorial: ExLibric pertenece a Innovación y Cualificación S. L.

BALMORE ORDÓÑEZ HERRERA

DE LA ESPERANZA
A LA PENUMBRA

Cigarrón, su último vuelo en Amazonas

Dedicado a la memoria de mi hermano Rómulo (capitán Cigarrón) y a toda la familia Ordóñez.

Capitán Rómulo Ordoñez, Cigarrón (1951-1981)

Prólogo

Se conoce como la tragedia del Amazonas el caso del accidente aéreo ocurrido el 1 de septiembre de 1981, lo que hasta ahora marca la historia de la aviación venezolana. Se dio por fallecidos oficialmente a tres pasajeros más el piloto. Pero el caso dio un cambio brusco e inesperado. Tras haber dado cristiana sepultura a todos ellos y en plenos rezos por su eterno descanso, se produjo una noticia estremecedora: uno de los pasajeros involucrados, la joven Raiza Ruiz, apareció repentinamente tras haber estado siete días inmersa en la intrincada e inhóspita selva amazónica, expresando en su propio desespero sus primeras palabras: «Busquen a mis compañeros». El confuso escenario sorprendió al país por entero, generando una enorme confusión entre los familiares y amigos. Renació la esperanza de que el resto estuviese a salvo, pero a su vez provocó una inmensa curiosidad por saber lo que contenían los sarcófagos que se habían enterrado.

Hasta este momento, esta atípica historia había sido relatada por la única persona que sobrevivió en ese accidente tan renombrado tras casi cuarenta años de lo acaecido, pero se desconoce la pesarosa experiencia vivida por parte de la familia de Rómulo Ordóñez, mejor conocido como el capitán Cigarrón. Fue el piloto que estaba al mando de la aeronave de esa tragedia y el cuarto de mis hermanos. En este libro quiero narrar la otra parte de la historia que no se conoce, la que ha permanecido oculta: el sufrimiento que conlleva sepultar a un ser querido, acto seguido celebrar la noticia por haber sobrevivido al accidente y en un tiempo transitorio volverlo a inhumar. Una historia saturada de sacrificios, de tensa calma, de tristezas, de una efímera alegría y donde asediaba constantemente el dolor; donde experimentamos momentos enigmáticos y señales paranormales alertando de que algo ocurría y sin tener conocimientos pasaron desapercibidas. En fin, el otro lado de esta impactante historia escrita por su hermano menor, Balmore Ordóñez, quien en ese entonces, con veinte años, dejó a un lado su vida cotidiana para dedicarse en cuerpo y alma a colaborar en la incesante búsqueda.

Dedicatoria

Inicio esta dedicatoria primeramente dándoles gracias a Dios y al universo por haberme abierto estos senderos que nunca había recorrido. Jamás había tenido en mente escribir un libro; ahora me enorgullece haber llegado a la meta, cumpliendo mi sueño con mucho éxito.

Con profundo cariño y con inmensa alegría quiero dedicar este libro a toda mi extensa familia, y vaya que son muchos. Si nombro a cada uno tendría que hacer otro libro. Permanecimos muy unidos ante esta triste situación y lo supimos afrontar con mucha entereza; eso nos dio más fortaleza para seguir adelante. Rómulo fue el primero que atravesó ese portal sin retorno.

A mis queridos viejos, que soportaron las vicisitudes de la tragedia y la asumieron con mucho valor y gran voluntad. Aunque no están presentes físicamente, sé que me acompañan en mi proyecto de vida y también sé lo orgullosos que se sentirían. Para ellos mis bendiciones, todo el amor que siento infinitamente por ellos y mi más completa gratitud.

A mis queridas sobrinas Mayerlyn, Yenny y Katty. Cuando sucedió todo esto, ustedes no tenían conciencia de la vida por su precaria edad. Espero que mi historia les haga llegar un bello mensaje y las remonte para aquellos tiempos vividos. Tengan presente el tan inmenso amor que sentía su padre por ustedes y que perdure para el resto de sus vidas.

A mi cuñada Flor. Es una manera de expresar lo que desde hace casi cuarenta años llevaba oculto y quería compartir con ustedes: mostrar humildemente, desde el lado de mi experiencia, parte de la historia de esa persona tan especial que fue mi hermano Rómulo.

A mi querida y gran esposa, Ana Maigualida, una dedicatoria muy especial. Agradezco tu compañía en gran parte de mi camino y entender el sentido de la vida como una gran experiencia terrenal, con altos y bajos, pero con plena constancia de un amor incondicional. Has sido una gran guerrera, enfrentando todas las experiencias que nos ha dado la vida y superándolas en plena unión.

A mis amados hijos, Mayenrie, Eydher y Kimberly. A mis amadísimos nietos, Saysi y Abraham Mikhael. Cumpliendo mi sueño solo demuestro que lo que se persevera se alcanza. A pesar de todos los obstáculos que puedan surgir, siempre se superan y al final habrá una puerta que abre. No dejen de luchar por sus sueños.

A mi amigo Karl Hoffmann, tiempo sin saber de él. Un reencuentro oportuno me guio para colocarme en manos de una persona que, sin conocerla, me brindó el apoyo irrestricto para guiarme y hacer que mi proyecto se concediera. Un gran ser humano: **José Luis Zuleta.** José Luis, conociéndolo en tan corto tiempo, depositó en mí una confianza plena e incondicional. Concentró su gran experiencia en mi manuscrito y lo transformó de tal forma que causó una enorme emoción, hizo que afloraran todos los recuerdos simultáneamente. Gracias por darme la estructura literaria que condujo mi libro a hacerse realidad.

A mis amigos de la Universidad Simón Bolívar, Núcleo del Litoral (Venezuela). Los hice partícipes de este proyecto para aportar parte del título. Gracias a todos por su gran apoyo.

Introducción

Cuando decidí redactar este libro como testimonio de mi vida, lo hice para dar un pequeño pero significativo tributo a mi querido hermano Rómulo cuando son ya casi cuarenta los años que llevo recordando su importante despedida. Cigarrón se convirtió en un icono. Fue el primero de la familia en cruzar el umbral de la muerte, de la ausencia física, ciñendo repentinamente el tiempo de disfrutar de su familia, de sus hijas, que apenas daban sus primeros pasos, que comenzaban a vivir.

Su caso dejó un vacío en nuestros corazones y hoy por hoy se mantiene intacto en nuestras memorias. Hasta los momentos se mantiene un caudal de incógnitas sobre el motivo de su desaparición física, una desaparición poco habitual, llena de interrogantes que nunca tuvieron respuestas convincentes. Quedaron bloqueadas en el tiempo y en las memorias de aquellos que nunca tuvieron la valentía de hablar; allá cada quien con su conciencia. Solo queda el detalle que resalta de cualquier medio de comunicación anunciando el próximo aniversario de la tragedia del Amazonas (Venezuela), relatando persistentemente la misma historia descrita por la única sobreviviente, la doctora Raiza Ruiz. La vida le otorgó la oportunidad de rememorar su vivencia.

De allí parte mi historia. Valorando ese detalle, me nace una inquietud que hasta ahora nadie conoce, la desagradable y asombrosa experiencia vivida por parte de Rómulo Ordóñez y su familia, los detalles de los últimos momentos de su vida antes de su muerte y, por otra parte, lo que narró la doctora Raiza Ruiz en el momento de haber sido hallada. Hay detalles que mantiene silente y que por razones inexplicables nunca ha querido expresar. Ha mantenido un silencio confidente a lo largo de todos estos años sobre esta incógnita y ha sido precisamente esta la razón por la que decidí contar a través de estas humildes líneas esa otra parte de la historia, la verdad verdadera, narrada por mi persona, de cómo sucedieron los acontecimientos de esta tragedia desde el mismo momento en que por coincidencia me enteré. Por otra parte, es también una forma de rendir un tributo a alguien a quien amé, amo y amaré eternamente: el capitán Rómulo Ordóñez, Cigarrón.

A mi familia

Una nota especial para a mis queridos hermanos, mis sobrinos, mis cuñados y cuñadas, especialmente a la que fue su esposa. Cada uno de nosotros sentimos y sufrimos la ausencia de este ser querido. Cada uno de nosotros tiene su propia historia y la guarda celosamente en lo más profundo de sus sentimientos al igual que yo. Ahora respetuosamente me tomé la libertad de escribirla.

A pocos meses de estar lejos de ustedes, lejos de mi tierra natal, ocurrieron dos tristes eventos con apenas cuatro días de diferencia: las muertes de Yuya y Ligia, que enlutaron a nuestra familia. Para mí fue muy doloroso e impactante no haber estado acompañando en los últimos momentos a la familia, sabiendo lo unidos que nos mantenemos, y darnos fuerza. A mí me tocó vivirlo solo, lejos de ustedes, en la resignación, en el llanto, acompañado de mis hijos y mi esposa.

Esta tristeza me llevó a escribir sobre Rómulo, narrar una historia que mantenía oculta desde hace más de 39 años, al igual que ustedes y la guardaba celosamente en lo más profundo de mis sentimientos. Tal vez mi historia no es como la de ustedes, tal vez mi historia no está enfocada como la recuerdan ustedes; simplemente, es mi historia y solo deseo que ustedes, como lectores, sepan apreciarla y palpar la forma como la expreso, con el más puro sentimiento, la admiración y el respeto que siento por mi hermano, persona que a cada uno de nosotros nos dejó un legado y una gran experiencia de vida. Solo queda el interés en cada uno de ustedes, relatar sus historias con la libertad y el respeto que se merecen, así como yo lo hice. La escribí con todo el amor que se puede sentir hacia una persona. Espero que lo sepan entender. Es para todos ustedes…

*Cuando se recuerda, emergen los momentos vividos
y comienzas a transitar entre los pensamientos.
El tiempo se hace irrelevante, disfrutas el verdadero instante
experimentando una sensación indescriptible.*

Balmore

Hoy, como muchos otros días, vine a recorrer este hermoso parque del Buen Retiro. Creo que he logrado entender el porqué de su nombre. Como siempre, me siento en este mismo banco, desde donde puedo disfrutar lo maravilloso de la naturaleza, apreciar las ardillas saltando de un lado a otro, los pájaros acicalando sus plumas, las personas que se cruzan unas con otras y mi propio yo tratando de encontrar equilibrio en mi vida. Y sobre todo la paz que se respira.

Esta mañana, mientras contemplaba maravillado su inmensidad, inesperadamente un hombre que caminaba rumbo al encuentro con sus amadas esposa e hija llamó mi atención. Lo observé en detalle: sus zapatos, sus cuatro charreteras en cada hombro acompañadas de un majestuoso e impecable uniforme de piloto comercial con su correspondiente quepis. Con el afectuoso abrazo correspondiente pasó lo inevitable, lo que desde hace más de 39 años ha venido recorriendo cada centímetro de mi ser. Y es que a través de esa hermosa estampa mis pensamientos se trasladan al primero de septiembre de 1981. Aquí estoy nuevamente, como todos los días de mi vida, recordándote, ¡mi amado Cigarrón!

Se me ha pasado la vida preguntándome por qué, por qué pasó todo eso. Y lo he entendido. He entendido que hay cosas a las que no se les encuentra sentido, ni mucho menos respuestas. Pero ¿sabes? He logrado hacer las paces con Dios, ya no reclamo ni guardo rencor y hasta me he preocupado por ser una mejor persona. Eso sí, siempre manteniendo intactos tu recuerdo, tus abrazos, tu sonrisa como ninguna, lo buen amigo, esposo, padre, hijo y sobre todo lo buen hermano que fuiste. Hoy te siento tan cerca de mí… Espero que sepas disculpar mis lágrimas, que no llego a controlar. Como bien conoces, soy un sentimental y un llorón; además, me gusta venir aquí y tener estas largas conversas contigo.

En estos días estaba recordando al viejo. ¿Te acuerdas? Ese viejo era un personaje (risas), a veces terco, pero paciente y observador. Lo recuerdo clarito cuando se sentaba en el mueble del pasillo de la casa y tomaba la guitarra y se instalaba a cantar. Le gustaba la lectura y escribía algún verso que le inspirara. Siempre les hacía composiciones principalmente a la familia y a otros que se le ocurrían. Tomaba lápiz y papel y escribía. Avelino aún mantiene alguna de sus escrituras. Se hizo tan popular que hasta en la política incursionó.

Chico, yo me acuerdo de un día que estábamos reunidos y que tú comentaste:

—Venezuela le debería agradecer su libertad al viejo José.

La verdad es que sí (risas). Toda esa época de la dictadura de Juan Vicente Gómez fue muy difícil. Hasta preso estuvo en ese momento por estar de activista de ese partido político, Acción Democrática.

Y la vieja… Esa no se quedaba atrás. Yo no había nacido, pero hay un cuento buenísimo. Me contaron que en esa época vivían en Caracas, en el barrio el Guarataro. Tú sabes que en esos tiempos no existían los baños como ahora, sino letrinas. La gente hacía sus pozos sépticos en el patio trasero de sus casas y ahí las ubicaban. Bueno, el caso es que para mantenerlas limpias y para matar los insectos y cualquier bicho al que se le ocurriera asomarse por ahí les echaban un líquido superinflamable. Pues llegó la vieja, que no tenía idea de que habían echado el producto, y prendió una vela. Eso provocó una gran explosión, tan fuerte que casi vuela la cuadra entera. Me cuentan que nuestros hermanos, que estaban pequeños, fueron a parar al hospital e incluso uno de ellos estuvo en estado crítico producto de las heridas. ¡Todo un desastre! ¡Un poco más y la viejita muere!

Y el cuento no termina allí. Para rematar, metieron preso al viejo imputándole el delito de rebelión. ¡Imagínate! Se inventaron el cuento de que en la casa preparaban explosivos para usarlos contra el Gobierno y la pobre vieja me contó que no hubo sitio donde no acudió pidiendo clemencia. Fue simplemente un accidente; no iba a hacer un acto provocado de tal magnitud, poniendo en peligro la vida de toda la familia. Que le atribuyeran ese delito fue una injusticia con el viejo.

Total, así pasó una temporada, visitándolo donde lo tenían preso. Pero la vieja fuerte, hermano, rogándole a Dios y con sus plegarias, logró que lo dejaran en libertad. ¿Tú te imaginas semejante barbaridad? El viejo preso porque pensaron que estaban fabricando bombas para tumbar la dictadura (risas). Definitivamente, era todo un personaje y muy querido por los vecinos. Nunca faltó su apoyo humanitario. No hubo zapatos y muebles que no arreglara en el barrio del Guarataro de Caracas.

Y ni hablar de la vieja. Esa no se quedaba atrás (risas). ¿Recuerdas cuando nos reuníamos la familia? Siempre salía a relucir un cuento, uno de ellos, de dónde habían sacado el nombre de algunos de nosotros. El de Andrés por el periodista, abogado y humorista Andrés Eloy Blanco; el tuyo por el periodista, político y dos veces presidente de Venezuela Rómulo Betancourt; y Balmore, el mío, por el periodista y abogado Valmore Rodríguez. Yo no sé cómo hacía para rendir la comida para todos. Tenía la habilidad de cocinar acompañada de su bella voz. No es por nada, la vieja tenía voz para cantar y el viejo buscando siempre qué hacer. Se la pasaba distraído confeccionando sus zapatos, que al final regalaba. La familia era muy humilde, sí, hermano. Honesta y trabajadora.

Me contaba la vieja que Pepe (José) en su adolescencia acompañaba al viejo al trabajo, muy temprano, y se quedaba en el estacionamiento lavando los carros de los trabajadores. Cuando finalizaban sus jornadas de trabajo, le daban algo de dinero por lo que hacía y con eso ayudaba en la casa. Él tuvo que sacrificar los estudios para que los otros hermanos pudieran hacerlo; el sueldo del viejo no alcanzaba. Para mantener a la familia compraban un saco de sobrantes de la panadería y con eso se alimentaban. La vieja con lo de la costura, que algo le daba para ayudar…

¡Imagínate! Cuando yo nací en la familia éramos ya trece. La vieja contaba que a nuestra hermana mayor, Ligia, con apenas dieciséis años le tocó encargarse de mí prácticamente hasta la preadolescencia, al igual que Yuya lo hizo con José Rafael (Ñey). Por cierto, ellas ahorita deben de estar contigo, hermano. Acaban de partir de este mundo (suspiro, sollozo y un momento de silencio).

Fue una época difícil para todos. Con mucha carencia, pero con mucho amor y, sobre todo, con buenas costumbres los viejos nos levantaron ¡a punta de palos! (risas), pero José Rafael y yo nos salvábamos por ser los pequeñitos de la casa y también porque nuestras hermanas nos protegían.

¿Te acuerdas del jardín de infancia? El de las monjas, donde la vieja pasaba largas horas ayudando al cuidado de los niños. ¡La apreciaban mucho! Allí nació una gran amistad con sor Noelia, se acostumbraron a tratarse como hermanas. Ayudaba a la vieja todo el tiempo; era de gran corazón, muy noble. ¡Qué recuerdos, hermano!

Los viejos nos criaron con buenas costumbres, y es que era como una obsesión en ellos inculcarnos la educación sin importar la situación económica. Para ellos era primordial mantenernos unidos.

¿Sabes qué recuerdo y con mucha claridad? Tendría unos nueve años creo. Una vez desperté llorando desconsolado, preocupado por unos pensamientos perturbadores. Inmediatamente, la vieja me agarró entre sus brazos, me abrigó con ese calor de madre y me dio calma. Con esa voz sublime pero firme me preguntó qué me pasaba. Sollozando le dije:

—Mamá, soy el menor de trece hermanos. ¿Cómo voy a soportar el dolor de verlos morir a todos, a ti, a mi papá? ¿Cómo podré sobrevivir con eso?

Con sus manos secó mis lágrimas. Creo que nunca en mi vida he escuchado unas palabras tan llenas de sabiduría y espiritualidad. Me dijo:

—No debes preocuparte por lo que solo Dios sabe, porque si él así lo quisiera podrías ser tú el que parta primero.

Entonces nos tocaría a nosotros llorar tu partida y tu ausencia permanente.

¡Palabras sabias, hermano! Ya considero que fuimos tan felices durante tantos años, siempre unidos hermanos, sobrinos… Bueno, para ese tiempo creo que eran veinticinco los que conformaban la familia. Claro, ahora son más (risa sollozante). Entre cumpleaños, bautizos y cualquier vaina que se nos ocurriera, había algo que celebrar prácticamente los doce meses del año y no importaban ni la distancia ni las situaciones que pudieran presentarse. Todos llegaban para armar el bochinche y compartir esa felicidad de estar juntos nuevamente.

¡Lo hicieron bien los viejos! ¡Lo hicieron excelentemente bien! Pero, la verdad, lo que no me enseñaron fue cómo curar un corazón herido. Aunque creo que lo aprendí… Sí, porque cada vez que vengo a este parque siento en mí tanta paz y consigo tranquilidad espiritual porque siento en este lugar que todos ustedes, los que ya no están en este plano, se acercan de cualquier manera para estar conmigo. Ya lo considero un lugar de reencuentro espiritual. Sobre todo contigo, Rómulo. Fuiste el primero en partir.

Fíjate. Por ejemplo, ahora mismo te estoy viendo en ese abrazo que les dio ese piloto a su esposa y a su hija, en esa sonrisa, en ese uniforme que me hace recordarte aunque tu trabajo no lo exigía, pero representa lo que tú amabas. Y es que así eras tú, hermano. Dicharachero, entusiasta, alguien al que todos admiraban por su personalidad encantadora y no había un lugar donde llegaras que no fueras el centro de atención. Eras como un amuleto para todos, pero en especial ¡eras mi amigo! El que me inculcaba respeto y admiración.

¿Recuerdas ese día que contradije al viejo? Saltaste de inmediato porque sabías que me iban a voltear la cara de un bofetón. Me dijiste:

—No contradigas lo que te manda hacer el viejo. Síguele la corriente y cuando se distraiga lo haces a tu manera y ya. ¡Pero no lo hagas molestar!

Y acto seguido enganchabas al viejo por el brazo para ayudarme a distraerlo y calmar los ánimos. Me llevabas diez años, pero éramos tan amigos y especiales… ¡Mi amigo el Cigarrón!

¿Sabes algo, hermano? A lo mejor nunca te lo dije, pero yo te admiraba inmensamente. Te admiraba a ti, a tu vida llena de ajetreos y altibajos, tu vida imperfecta, de aciertos y desaciertos… Tú nunca terminaste tus estudios, pero te esforzaste por salir adelante. Fuiste al servicio militar, a la Guardia de Honor Presidencial… ¡Ah! Recordé cuando llegaste de salir del servicio militar (en tono entusiasmado). Llegaste con un amigo, Rafael Escalante, otro hermano más adoptado de la vida que les llevaste a los viejos. Le tomamos mucho cariño y siempre mantuvo contacto con nosotros. ¿Recuerdas que le decías «Tapón» por lo pequeño que es? (Risa a carcajadas). Ahora, cada vez que nos vemos le decimos hermano con mucho cariño. Recuerdo clarito que te le pusiste firme a la vieja y le dijiste: «Pido permiso para salir y llegar en la mañana siguiente». La vieja se reía y al mismo tiempo te daba el permiso. Luego la abrazaste con todo el amor del mundo. Y mira que en verdad llegaste en horas de la mañana (risas y más risas). Total, Cigarrón, eras un parrandero esencial, pero responsable con la familia. Ejerciste como tapicero y hasta como chófer de autobús hasta que se te metió en la cabeza que ibas a ser piloto comercial porque te animaste con el vecino de la cuadra, que también estaba metido en eso. Solo bastó que te lo mencionara para que, como siempre, esas vainas tuyas, se te convertía en un reto. Con mucho sacrificio y esfuerzo lo hiciste y lo lograste, te convertiste en piloto. Lástima que tuviste que irte al interior del país para progresar porque en la capital no había trabajo… Recuerdo cuando llamabas y la vieja atendía con esa emoción o cuando llegabas cada cierto tiempo a renovar la licencia. ¡Todos nos alegrábamos! De inmediato explotaba de felicidad la familia y se armaba la rumba en la casa. Ah, y lo mejor: llegabas lleno de regalos para todos (risa sollozante).

Toda la cuadra llegaba a la casa y hasta tu compadre Gildardo Vargas con la familia cuando se enteraban de tu llegada, sin dejar pasar lo feliz que se sentían los viejos, sobre todo la vieja. La consentías demasiado y te gustaba verla feliz. Ya se empezaba a armar el alboroto en la casa. Buscábamos a la tía Otilia, que, como sabía de música, era la que amenizaba el templete; y tú, aunque no tenías mucha destreza con el canto, hasta a eso le dabas y, aunque ronco, te salía bien (carcajadas). Te cuento, la canción *Madrigal* la conocí por ti, cuando ponías tu casete de Danny Rivera y, como decíamos, vuelta y vuelta. Cómo te gustaba… Cada vez que la escucho me vienen esos gratos recuerdos. ¡Cómo los añoro! A la vieja te le presentabas con algún animal exótico del Amazonas. A ella le gustaba.

¿Recuerdas la Navidad que llevaste a tu novia, Flor, para presentarla? Bueno, novia que después se convirtió en esposa y madre de tus hijas Yenny y Katty. La verdad, fue bien agradable de tu parte que lo hicieras en Navidad, momento para celebrar y compartir. Semanas maravillosas en familia. No había empezado y ya estábamos planificando la próxima Navidad: ¡para el año que viene hacemos esto o aquello! Aunque esa Navidad nos trajo una bitácora de celebración: tu boda con Flor. La boda inolvidable diría yo. Planificamos todo muy bien porque la nueva integrante de nuestra familia y tu futura esposa era del estado Bolívar, en Venezuela, de un pintoresco pueblo llamado Caicara del Orinoco. Así que cuando llegó el momento todos, con mucho sacrificio, nos lanzamos a la aventura rumbo a Caicara, un viaje lleno de un paisaje maravilloso que nos regalaba nuestra tierra venezolana, de un sinfín de parajes gastronómicos y sobre todo de mucha aventura, porque en este tipo de eventos nunca falta el susto.

En ese viaje tendríamos cerca de nueve horas rodando cuando nuestro hermano José Rafael (Ñey) iba manejando uno de los vehículos y se quedó dormido, se salió de la vía y se llevó cuanta mata había en el camino. Yo no sé cuántas horas después retomamos el viaje, pero cuando pensábamos que habíamos llegado resulta que teníamos que cruzar en chalanas el majestuoso río Orinoco. Otras horas más esperando cada quien su turno (risas nostálgicas). Pero una de las cosas maravillosas de ese viaje fue verte ahí, esperándonos con los brazos abiertos, con esa sonrisa que te caracterizaba. ¡Bueno, tú y todo el pueblo entero estaban esperándonos! ¡Te habías hecho muy popular! Recuerdo clarito que decían: «¡Llegó la familia de Cigarrón!». Eso me impresionó, claro, porque así te llamaban los del gremio aeronáutico, por lo que de inmediato me di cuenta de que te habían elegido como familia. Eso me llenó de mucha felicidad por ti. Siempre te admiré, eso entre tantas cosas. Por donde pasaba Rómulo dejaba una huella especial.

Recuerdo haber visto unos indios panares, eso también me sorprendió. Ellos habitaban en el estado Bolívar. Habían traído artesanías que hacían para venderlas. Recuerdo que te acercaste a uno en particular con esas ocurrencias tuyas:

—Indio, ¿cuánto cuestan esa flecha y el arco?

Y el indio te respondió:

—¡Diez bolívares!

Le dijiste:

—¡Te doy cinco!

Él dijo que diez bolívares. Luego le ofreciste veinte y el indio te volvió a decir diez bolívares (risas). Ya sabían el precio por el color del billete.

En fin, fue una gran celebración, típica de estos pueblos, con música folclórica y aguardiente, mucha comida y, sobre todo, llena de mucho amor y humildad. Y por supuesto, como era de esperarse, a esta celebración la siguieron otras que llenaron aún más de felicidad nuestro hogar. Llegó la vida, llegaron mis sobrinas hermosas: Yennyree (Yenny), que nació el 12 de agosto de 1979; y luego llegó Sorayma (Katty) el 18 de septiembre de 1980. ¡Ah, pero también había otra personita que tenías a escondidas! Otra sobrinita a la que cariñosamente le decían Shila por cariño, aunque su nombre es Mayerlyn. No hubo mucho contacto con ella. Es del mismo año que nació Katty, apenas le lleva unos meses. Sí me enteré de que tanto Chila (Mariaelias) como la vieja viajaban para estar con ella. Katty apenas iba cumplir un añito cuando tú… ¡Ay, mi Cigarrón! ¡Carajo, cómo me carcome el dolor! ¡No entiendo por qué tuvo que pasarte esa mierda que te pasó! Hay que ver cómo nos cambia la vida de un momento a otro, en un instante. ¡Son tantos recuerdos! Definitivamente, te tienen que pasar vainas en la vida para que los recuerdos lleguen inesperadamente… ¡Tú!

¿Recuerdas cuando planificábamos esos maravillosos viajes a visitarte? Era fantástico poder salir de Maracay y llegar a esa inmensidad que te regala la naturaleza: paseos a caballo, comida típica del pueblo y sobre todo la amabilidad de la gente. Nos faltaba tiempo, uno siempre se quedaba con las ganas de pasar más tiempo y compartir. Pero definitivamente una de las cosas que hacían esos viajes especiales eran los paseos en avioneta contigo. Disfrutar el paisaje desde arriba era todo un espectáculo. Dígame cuando se te ocurría darnos el mando del avión para que viviéramos la experiencia de tu profesión (risas). ¡Qué locura, chico! Reconozco que sentir que tienes ese poder en tus manos era fantástico. Claro, bajo tu supervisión, por supuesto. ¿Te acuerdas, hermano, de que aterrizábamos en terrenos preparados como pista y visitábamos áreas donde era permitido extraer minerales? Visitábamos tribus y hasta algunas haciendas de tus conocidos y a otros que les prestabas los servicios aéreos para transportar sus productos.

Cada vez que escuchaba a tus compañeros del gremio referirse a ti como el mejor piloto de la zona ¡me inflaba, carajo! De inmediato me decía: «¡Ese es mi hermano!». Decían: «¡Ese Rómulo es un duro! ¡No le importa si hay buen o mal tiempo! Siempre presto al trabajo».Y se reían… Decían que tú eras el único loco capaz de maniobrar en esas zonas del Amazonas con mal tiempo, que eras como Cool McCool (risas). Hasta me trataste de convencer de que me hiciera piloto como tú y José Rafael (Ñey), quien sí siguió tus pasos. Él se hizo piloto también, y comercial.Yo hasta me lo pensé, aunque admito que nunca me causó interés el tema de los aviones.

En una acción recuerdo que estaba en Caracas contigo y José Rafael (Ñey) y se planteó la idea de hacerme ingeniero aeronáutico para crear una empresa de mantenimiento de aviones. ¡Lo recuerdo clarito, hermano! Me dijiste que tú te encargabas del pago de los estudios en el extranjero. De momento me entusiasmé, pero casualidad: justo en esos días en que iba a iniciar las clases en la universidad para estudiar ingeniería surgió ese mal momento, ese momento que ninguno de nosotros esperábamos.

¡Mi Cigarrón! Todavía recuerdo ese día, 1 de septiembre de 1981. Te voy a contar con lujos y detalles todo lo que vivimos mientras andabas moribundo en la selva. José Rafael (Ñey) y yo habíamos ido a Caracas (por cierto, a retirar la carta de chequeo para él hacerse piloto comercial) y, bueno, aprovechamos el momento para visitar a nuestro hermano Andrés Avelino en el sector El Paraíso de Caracas. Finalizada la visita y ya de regreso rumbo a Maracay, al abrir la puerta del carro para montarme fui sorprendido inesperadamente por algo que al inicio no distinguí, pero que entró violentamente y fue directo al asiento trasero. Tremendo susto, hermano, nos llevamos José Rafael (Ñey) y yo. Saltamos como pudimos del carro, impactados por esa sorpresiva visita… Es que solo habíamos visto el fuselaje de algo que había entrado. Se trataba de un perro negro azabache. Bueno, no era él, era ella, de raza gran danés y bellísima. Su pelaje deslumbraba en la oscuridad. Esperamos un largo tiempo a ver si aparecía el dueño, pero la espera fue en vano. Nadie se acercó y tomamos la decisión de llevarla con nosotros. Plácidamente se recostó en el asiento y casi de inmediato esa hermosa gran danés y nosotros ganamos la confianza. Así emprendimos nuestro viaje.

Pasadas las horas, cerca de las seis de la tarde, escuchábamos música en la radio cuando de repente fue interrumpida por un avance noticioso. El narrador informaba de la desaparición de una avioneta Cessna 207 bajo las siglas YV-244-C en la zona de Puerto Ayacucho, estado Amazonas. Un silencio marcó el rumbo de unos cuantos segundos, el cual fue interrumpido por la típica frase del narrador: «Seguiremos informando». Giré mi cara para ver a José Rafael (Ñey). Ensombrecido por la noticia, redujo la velocidad y volteó para confirmarme lo que ya mi ser estaba sintiendo. Por las siglas de la aeronave, se trataba de ti, Cigarrón. Me dijo que esa avioneta era la que siempre te asignaban en la empresa. No dudamos en dar vuelta e informar de inmediato a la familia, empezando por los que vivían en Caracas. Luego llegamos a Los Teques, estado Miranda, donde vivían otros hermanos. El sobrino Edgar (Catire) no vaciló en sumarse de inmediato a nosotros.

No había manera de asimilar lo escuchado. El viaje se hizo largo y tortuoso, pues nos negábamos a pensar que era cierto lo que el destino deparaba a nuestra familia. Una mezcla de sentimientos inundaba nuestras mentes e impedía mantener la serenidad. Todo aquello provocó el miedo, la tristeza, la impotencia, la rabia, todo a la vez, pero sobre todo negación a lo posible. Así nos llevó la noche a nuestro destino, a casa de nuestros padres, a donde no queríamos llegar, en compañía del silencio penumbroso que pesa minuto a minuto y se hace eterno en el pensamiento cuando tienes que explicar lo que no quieres explicar, pero lastimosamente debes hacerlo… Ahí estábamos, dando la terrible noticia, la cual sumió al viejo en un silencio atormentador, que debilita la mirada, que aflige. Y como recién había tenido un infarto, Carmen (Ata), con su magnífica profesión de enfermera y su esmerada atención, pendiente de él. La verdad, me abrumaba verle así, desconsolado por ti, por su amuleto, como él te llamaba… La vieja, por su parte, aunque era una mujer fuerte, despotricaba de tu profesión. Tú sabías que a ella nunca le gustó. Lloraba desconsolada. Me partía el alma verla así. Suplicaba a sus santos, a Jesucristo y a la Virgen que te protegieran, que no fuera cierto lo que se había escuchado. Esa noche se quedó en mí, y en toda la familia, como la noche más larga y tortuosa del resto de nuestras vidas.

Así llegó la mañana del 2 de septiembre de 1981. Amaneciendo, mi viejita encendió la radio para estar pendiente de la noticia mientras preparaba el café mañanero y servía el desayuno al viejo, que lo recibía con cierto desgano. Normalmente, estos momentos del desayuno estaban cargados de alegría, pero ese día solo reinaban la incertidumbre, el desasosiego y la inmensa necesidad de alguna noticia al respecto; noticia que, por más que planificábamos, no llegaba. Hasta que finalmente se produjo la primera: dieron tu nombre en la voz del locutor. A través del avance noticioso confirmaba que se trataba de ti, hermano de mi alma. Rómulo Ordóñez, mejor conocido como Cigarrón. Nuevamente un silencio sepulcral invadía a cada uno de nosotros.

Seguidamente, otro avance anunciaba el resto de la tripulación. Una escena extraña jamás vivida, todos en torno a una pequeña radio atentos a los detalles. Esa voz descriptiva del narrador de sucesos confirmando los pasajeros de la avioneta, dando de nuevo las siglas e identificándolos a cada uno: la médico residente Raiza Ruiz, el juez de gallo colombiano Manuel Herrera y Salvador Mirabal, policía de la delegación de San Carlos de Río Negro. Además, el locutor ratificaba dicha aeronave como perdida, anunciando que ya estaban haciendo efectivo el protocolo de búsqueda y rescate en la zona por parte de las autoridades competentes.

Empezamos a coordinar la salida hacia Puerto Ayacucho. Se sumaron algunos de tus conocidos y pilotos amigos de José Rafael (Ñey) para ayudar en tu búsqueda. A su vez esperábamos noticias alentadoras, aferrados a la esperanza de que aparecieras vivo y sano. A pesar de que entre todos nos dábamos ánimo, el ambiente era tenso, pesado y, sobre todo, agotador.

De inmediato nuestra casa se llenó de gente: vecinos, amigos y allegados. Hasta la prensa, la radio y la televisión estuvieron presentes. Todo se convirtió en un caos. Nos tuvimos que organizar. Unos se encargarían de atender a los medios de comunicación, otros se harían cargo de la casa. Para ese momento estaban Ramón (Monche), Marielias (Chila) y Marina (Coromoto) y encargándose de los viejos, como siempre, Carmen (Ata). Mientras, el resto de familiares, que residían en otros estados, poco a poco iban llegando.

El primer viaje al lugar de los acontecimientos lo hicimos José Rafael (Ñey), Edgar (Catire) y yo. Viajamos en una avioneta particular propiedad del capitán Herbert Ponte, amigo de Ñey, quien incondicionalmente se puso a la orden. Por cierto, Herbert era tan parecido a José (Pepe) que al final de todo se fue involucrando tanto en la familia que la vieja lo adoptó como otro hijo.

Hasta le pedía la bendición. Apreciamos por toda la colaboración en tu búsqueda que a partir de ese momento no dejaba de visitar a la familia. Por otro lado, salió Monche de Valencia en un helicóptero de Defensa Civil y de Caracas, del aeropuerto de la Carlota, Ángel (Chucho) e Inocente, también en un avión del Gobierno. Nos movilizamos por la brevedad del caso.

Entonces, ya en horas de la tarde del día 2 de septiembre de 1981, logramos llegar a Puerto Ayacucho. Lo primero que hicimos fue ponernos en contacto con Flor porque nos enteramos de que Katty estaba enferma. Aunque recibían el apoyo de amigos y vecinos, decidimos que se trasladaran hasta Maracay para que estuvieran con el resto de la familia mientras a la pequeña Katty se le atendía su salud.

Como ya todo estaba bajo control, viajamos de Puerto Ayacucho hasta San Carlos de Río Negro para incorporarnos a la búsqueda del siguiente día. En el camino lo que hacía era pensar constantemente en ti. Era una imagen aferrada a mi mente. Me resistía creer que tú, Cigarrón, estuvieras involucrado en ese accidente. Tú, hermano, un piloto experimentado, con más de 7.000 horas de vuelo certificadas y diestro volando en esa zona. Sin embargo, no perdía las esperanzas de que aparecieras con vida. Mi tranquilidad era verte físicamente.

¿Sabes? Empecé a buscar información entre tus amigos pilotos. Uno de ellos, no recuerdo su nombre, le comentaba a los otros que el día del accidente había mal tiempo y a ti no te tocaba volar. Ese vuelo lo iba a hacer otro piloto, pero no se presentó por las condiciones de tiempo y, claro, te llamaron porque nunca decías que no y… ¡Carajo! También nos enteramos de que esa mañana saliste de Puerto Ayacucho, con el juez de gallo Manuel

Herrera como único pasajero, rumbo a Maroa, por donde ibas a pasar por unos encargos. Me comentaron que era carne de lapa, si mal no recuerdo. Allí coincidiste con la médico residente Raiza Ruiz y, como siempre colaborabas con la gente, te pidió que la llevaras para retornar contigo a Puerto Ayacucho, donde debía cumplir con unos asuntos personales. A ese vuelo también se unió el policía Salvador Mirabal, que se quedaba en San Carlos de Río Negro. Y bueno, en ese corto trayecto entre Maroa y San Carlos de Río Negro fue en el que desaparecieron.

Ese día pernoctamos en ese pueblo, preparando la logística para seguir la búsqueda a tempranas horas de la mañana siguiente. Un grupo se iba a desplazar por tierra y el otro, por aire. Como familiares, José Rafael (Ñey), Edgar (Catire) y yo no preparamos para ir en el grupo por tierra para ser de las primeras personas en encontrarlos. Otros hermanos de la familia lo hicieron para sobrevolar la zona también, uniéndose a la búsqueda. Recuerdo que nos dotaron de ciertas provisiones: dos latas de sardinas, agua y una bolsita de mañoco (alimento a base de yuca que preparaban los indios cuando salían de cacería). Esto en caso de que nos tomara la noche y no pudiéramos retornar al pueblo.

Hermano, créeme que esa noche fue infernal. Me costó conciliar el sueño. Cuando finalmente lo lograba me despertaba sobresaltado producto del estrés al que estábamos sometidos por tu desaparición. Constantemente se generaban pensamientos involuntarios que provocaban melancolía, añoranza de tu presencia, todo esto aunado a la lluvia incesante, que atraía al ambiente tristeza, mucha tristeza. Me sentía ansioso. No veía el momento de que amaneciera para emprender la búsqueda. A pesar de que la noche fue la más larga de mi vida, al fin amaneció.

Ya era 3 de septiembre de 1981. Tres días sin saber de ti, hermano. Muy temprano, seguía el tiempo muy nublado. Un grupo conformado por militares, personal de búsqueda y salvamento, médico residente de la zona y nosotros, los familiares, embarcó en varias lanchas. Navegamos por el Río Negro, unos de los más oscuros del mundo, de los más caudalosos afluentes del Amazonas, quien nos recibió con su espesa y tenebrosa neblina. Un lugar absolutamente desconocido y que jamás me imaginé conocerlo bajo esa circunstancia.

Nosotros no teníamos ninguna experiencia en búsqueda, más que alguna instrucción básica dictada en el momento. Éramos muy jóvenes, pero el intenso interés y la esperanza de encontrarte vivo nos daban la suficiente energía para encaminar y culminar esa proeza, una meta que podría culminar con éxito o con el doloroso y triste final que hoy por hoy nos mantiene conmovidos. Se mantenía otro grupo de voluntarios y personal de búsqueda que tenía programado peinar la zona por aire, lo que desde el mismo día muchos de tus colegas ya habían hecho de manera no oficial. La idea era ubicar a la mayor brevedad posible el sitio donde se presumía que habían caído.

Era un día pesado, nublado y con pronóstico reservado de lluvia que hacía la búsqueda más dificultosa, luchando contra la hostilidad de la naturaleza, atravesando espacios selváticos absolutamente tupidos donde abundaban animales salvajes, plagas e insectos venenosos, aparte del clima tropical típico de la zona, un clima que pesaba en el cuerpo a medida que nos desplazábamos mientras seguíamos el paso a los baquianos indígenas que nos servían de guías. Sin ellos nadie sería capaz de emprender dicha travesía.

A medida que avanzábamos sentía la extraña sensación de no avanzar, de estar estancado. Entendí por qué las personas se extraviaban en zonas como estas. Caminamos, caminamos ¡y se veía todo igual, hermano! Con el mismo color, el mismo olor, los mismos árboles. Era como si una escena se repitiera una y otra vez con el mismo paisaje… Te imaginaba en esa escena sintiéndote sin salida, con el mismo desespero que yo sentía; me preocupé por lo que estabas pasando.

Uno de los guías marcaba las ramas con una cinta cada cierto tiempo y cada cierta distancia por si nos tuviéramos que regresar y poder reconocer el trayecto, pero no se podía pensar en la posibilidad de regresar. Teníamos que avanzar y así fue. Recorrimos caminos atrincherados, con subidas y bajadas empinadas, mientras la plaga y el calor permanente hacían de las suyas. Algunos de nosotros empezamos a perder la noción del tiempo y del espacio, algo producido por el verde monocromático amazónico. Pero seguíamos avanzando en el arduo proceso, relegando el tiempo, las horas, solo aferrados a caminar, a avanzar y avanzar.

En muy pocas ocasiones observé que se filtraba la poca claridad del día, lo que indicaba que aún había oportunidad de seguir adelante hasta el sitio donde se calculaba que habías caído. No tenía ni idea de lo que se había recorrido, pero sí tenía nociones de que el trayecto se hacía prolongado y duro. Estábamos a disposición de los baquianos. Solo por ellos se mantenía el avance con seguridad, pero al mismo tiempo infructuoso. No se lograba coincidir con ningún indicio de rastro de absolutamente nada, de alguna señal de supervivencia. Simplemente, se mantenía la misma escena en todo el recorrido.

Surgió un momento importante. Después de tantas horas de recorrido avistamos un grupo de hombres vestidos de militares. De inmediato cundió el pánico al no tener conocimiento de si se trataba de guerrilleros paramilitares. Para suerte de todos, eran soldados del ejército colombiano que vigilaban la frontera. ¡Por fin al menos un indicio de dónde nos encontrábamos! En medio de la confusión logramos explicar nuestra presencia en el lugar y, para sorpresa nuestra, ellos ya manejaban información de la ubicación del accidente, dándonos las referencias de dónde había caído la aeronave. De inmediato se aceleró el paso que se tenía en el avance, guiados por la ubicación del militar colombiano. Mientras avanzábamos se notaba el impacto marcado por la avioneta, se veían partes esparcidas en el entorno producto del corte salvaje de la cúspide de la tupida vegetación. De inmediato algo recorrió todo mi ser, buscando desesperadamente si te encontraba entre todo eso. Logré visualizar a unos cincuenta metros aproximadamente la parte más importante del avión, donde iban los tripulantes y tú. Corrí desesperadamente, sin fuerzas en mis piernas por el miedo que recorría incesantemente mi cuerpo. La avioneta estaba completamente destrozada e incinerada producto del fuego que envolvió parcialmente lo que quedaba. Me di cuenta de que el impacto había sido determinante, lo suficiente como para que no hubieras sobrevivido, para que nadie hubiera sobrevivido.

Fue en ese momento cuando entendí lo que había sentido segundos antes. La escena había cambiado su decorado al ver que todo dentro de la aeronave estaba absolutamente destrozado por las llamas. El motor se había desprendido por el impacto y se encontraba a unos cuantos metros de la avioneta. De inmediato caí sin energía, desbordado en lágrimas de tristeza, impactado por lo que estaba viendo. ¡No lo podía creer! No lo asimilaba. Me abrumaban el dolor y la desesperación al ver que en su interior todo estaba calcinado. José Rafael (Ñey) y Edgar (Catire) también estaban conmocionados con el hallazgo.

Nosotros en ese momento no recordábamos quién te acompañaba, a quiénes tenías como pasajeros. En el sitio se localizó un cuerpo parcialmente calcinado de uno de los tripulantes. El cadáver pertenecía al funcionario policial, que fue identificado como Salvador Mirabal, al cual se le podía apreciar aún parte de su uniforme oficial.

Afectados por el inesperado hallazgo, nos dejamos llevar por el dolor acobijándonos en el llanto. Se nos vino el mundo encima, me sentía confundido ante ese horrible desenlace. Pensaba en mi familia, en mis padres, en tus hijas, en mi cuñada. Analizaba cómo transmitir esa terrible noticia, no me sentía capaz de hacerlo, solo lloraba desconsoladamente. Varias horas habían pasado, por lo que opté por la resignación. Más tranquilo, pero con mucho dolor. Necesitaba tener temple, coraje para afrontar con mayor nitidez lo que nos estaba sucediendo, por lo que era importante mantener la calma para poder armar aquel difícil rompecabezas; además, se avecinaban momentos de relevancia para toda la familia.

Comenzaron a generarse diversas hipótesis sobre el accidente. Necesitábamos saber si realmente yacían los tres cuerpos de los pasajeros y, por supuesto, el tuyo, Cigarrón. Recuerdo haber oído al médico residente que estaba ahí decir que su especialidad era en odontología, pero que, en vista de los acontecimientos y la falta de personal especializado, lo habían seleccionado para el reconocimiento y levantamiento de los cadáveres, por lo que no teníamos más opción que confiar en su criterio profesional. Sin embargo, se le notaba la duda en lo que hacía, inexperto en la materia. Cosa que era lógica, pues no era su especialidad. Así que de inmediato mi hermano José Rafael (Ñey) lo abordó con una pregunta interesante:

—¿Estás seguro de que entre esos huesos calcinados se encuentra el resto de los que iban en el avión?

Su respuesta no se hizo esperar, acompañada de cierta arrogancia y precisión:

—¡Sí, estoy seguro!

No dio cabida a ninguna otra pregunta y nosotros, sin tener ningún tipo de conocimiento sobre el siniestro, éramos jóvenes e incautos. Ni José Rafael (Ñey) con su experiencia como piloto se sintió competente para contradecir lo que con tanta seguridad había afirmado ese joven médico residente carente de práctica. No entendíamos por qué, con tantas personas especializadas en la materia, se estaba dejando todo en manos inexpertas. Además, estaba en entredicho nuestra presencia. Teníamos que tener una muy precisa y detallada información para así transmitirla al resto de la familia. El ambiente se mantenía tenso, muy tenso.

Ahora, después de tanto tiempo, analizo que había cosas que no se ajustaban a la realidad y que en ese entonces no las enfrentamos con decisión. Por ejemplo, fíjate en este detalle, Cigarrón: el cadáver que se encontró del policía. Esa imagen nunca la he podido olvidar; su cara estaba quemada, mas no desfigurada, así como sus brazos y manos. Estaba en línea recta, boca arriba y con los brazos cruzados. Ahora pienso que su extraña posición no era adecuada si murió en el accidente. Fue como si alguien lo hubiera colocado así… También surgieron otras preguntas: si estarían allí todos los cuerpos de las personas que viajaban en la avioneta, si los objetos personales (dentaduras, entre otras cosas) te pertenecían a ti o eran de otra persona. Recuerdo que había una hebilla de correa (presumimos que era tuya porque te gustaban de ese tipo), unos cristales con bastante corrección…

En fin, una vez que ese médico residente terminó su tarea del levantamiento de cadáveres, los huesos fueron depositados en una bolsa negra. También se introdujeron en esa bolsa todos los objetos encontrados con el fin de que pudieran ser identificados por los familiares. Una de las cosas que también recuerdo fue haber intentado con Edgar (Catire) abrazar uno de los gigantescos árboles involucrados en el accidente, prácticamente el que frenó violentamente la avioneta, pero su tallo era de tal magnitud que fue imposible hacerlo.

Empezó a caer la afligida tarde y los pronósticos de pernoctar en la selva eran más evidentes. Ya al llegar la noche, los más experimentados advertían de lo peligroso que se hacía el sitio. Para estar resguardados teníamos que mantenernos en un solo grupo, juntos ante cualquier situación que arriesgara la vida de cualquiera por el ataque inesperado de algún animal salvaje perteneciente a ese hábitat que saliera de noche para obtener alguna presa para subsistir o de cualquier ofidio que pudiera aparecer. Inapetentes, decaídos, agotados y cabizbajos, con nuestras mentes ensombrecidas y todavía en *shock* por lo ocurrido, nada mitigaba el dolor que provocaba aquel momento que cambió desde entonces, por completo, el resto de nuestras vidas. Hermano, nos aturdió mucho la situación.

Empezaron ciertas improvisaciones como colar café con solución fisiológica, lo cual le dejaba un sabor entre dulce y salado a la vez. Nosotros decidimos recostarnos encima de una de las alas de la avioneta, la que había quedado parcialmente intacta comparada con el resto de la estructura. Una luz tenue emanada por una lámpara delineaba las figuras de las personas mientras se luchaba con el avance de la noche y la pesadez del cansancio. Mis ojos hacían su mayor esfuerzo por perder de vista aquella luz que poco a poco se desvanecía hasta que finalmente la oscuridad nos invadió por completo. Chubascos con repentinas lloviznas pasaban rociándolo todo a su paso y el silencio de la selva se hacía acompañar por el rugido de algún animal que afloraba un miedo aterrador, haciéndose cómplice del indeseado momento. Mientras, por otro lado, el sonido de la carga del armamento, que nos ponía a todos prevenidos para cualquier eventualidad. Así, la noche se hizo larga y extensa, revestida por un inquebrantable silencio que perturbaba completamente todos los sentidos, ansiando con frenesí el amanecer del esperado día que aseguraba estar a salvo, por los momentos.

Y así llegó el día 4 en medio de todo ese trágico escenario. Ya en la tarde, el sonido descriptible de unos helicópteros anunciaba la llegada del grupo elitista de rescate Humboldt, que después de hacer algún intento de descender lo más que pudiera logró su cometido para llevarse el único cuerpo que había, las evidencias recogidas y los supuestos restos de los otros pasajeros y el tuyo, recolectados en las bolsas. Poco a poco empezaron a desalojar la zona, por lo que nosotros también debíamos embarcar en uno de esos helicópteros. A medida que se elevaba veía el perímetro del accidente. Por un momento pensé que se trataba de un terrible sueño y, aunque lo evitara, la escena me traía a la mente tu presencia y eso me causaba un gran dolor que se hacía insoportable. Me topaba con la triste realidad. Nuevamente mi llanto se hizo presente e invadió todo mi ser. En el momento que salimos del sitio del accidente me sorprendían las lágrimas, que no dejaban de brotar, y a medida que nos alejábamos aumentaba su intensidad. Era incontrolable. Aterrizamos en el centro de operaciones, en San Carlos de Río Negro, donde nos esperaba Herbert, el amigo de José Rafael (Ñey), quien había estado atento en todo momento. Cuando lo vi no lo pude evitar, solo lloraba y lloraba al toque de su palmada sobre mi hombro en señal de consolación. Finalmente, nos acomodaron en el comando del ejército. Nunca paré de llorarte; lloré y lloré hasta más no poder. Fue muy fuerte todo lo que pasamos (cabizbajo y con lágrimas en los ojos).

Ese 4 de septiembre de 1981 seguían las incesantes actividades que reinaban en el lugar. A pesar de que me acosaba una profunda tristeza, logré comer algo. Mientras lo hacía, conversaba con algunos pilotos que te conocían y, por supuesto, salían algunas anécdotas sobre ti. Incluso yo, entre una cosa y otra, dejaba colar frases: «Cigarrón no puede estar muerto». «Ese seguro que sale de detrás de una mata». «Con tanta experiencia, ¿cómo le pudo ocurrir?». Me sentí tan orgulloso y al mismo tiempo tan triste y vacío… Me invadía la nostalgia, cayendo de nuevo en ese profundo dolor que deja un ser querido cuando parte a otros senderos no propios de este mundo; el dolor se hace insoportable. Eras el primero en la familia que partías y fue más duro por la forma tan imprevista como sucedió.

Teníamos que regresar a Maracay, así que Herbert puso en el aire su Cessna con destino al estado Aragua, con escala en Puerto Ayacucho para abastecer combustible. Cuando aterrizamos fuimos abordados por toda la prensa del sector, la cual deseaba información de primera mano sobre el accidente, que se había convertido en la gran noticia del momento, pero no teníamos la energía ni el ánimo para confrontar la situación, era notorio.

Todo el que te conocía se sentía conmocionado. Increíble tu muerte… Te conocían por tu gran experiencia y más aún me impresionó el enorme cariño que sentían por ti, por tu gran corazón. ¡Vi gente llorando por ti, hermano! De todos lados sacudidos por lo que te ocurrió. Nos hacían comentarios honrosos sobre ti: gran persona, espléndido ser humano, tremendo piloto… Cosas como esas.

Ya abastecidos de combustible, salimos rumbo a Maracay. Desde que salimos imperaba el mal tiempo, por lo que contábamos con la pericia de Herbert como piloto. Tenía mucha experiencia; era ingeniero aeronáutico y también pertenecía a un grupo de paracaidismo. Nos sentíamos seguros con él.

En el recorrido hablamos de la familia, planificamos lo que se iba a decir para no caer en confusiones. Lo más importante fue el tema de los viejos. Ya todos estaban al tanto de lo ocurrido; sin embargo, no tenían detalles de cómo fue tu muerte, Cigarrón. Había un punto determinante y delicado: ¿cómo se lo describiríamos a la vieja? Ella mantuvo constantemente la idea de que si te llegara a suceder algo quería asegurarse de que no hubieras sufrido, por lo que pedía verte por última vez, como madre al fin. Bajo esa condición la situación se complicaba. Bajo esta condición tuvimos que acudir a una mentira piadosa, ocultamos una verdad. La vieja nunca tuvo conocimiento hasta sus últimos días de vida de lo que habíamos vivido, y la realidad fue que no conseguimos ¡nada! después de que el médico levantase los cadáveres. Los restos de las tres personas que quedaron a bordo, incluyéndote a ti, se habían calcinado hasta el punto de que no se reconocieron, ya que para él lo que se levantó en el lugar del accidente fueron solo huesos.

En todo el trayecto permanecían la oscuridad y el resplandor de las nubes. Estábamos rodeados de mucha nubosidad, por lo que Herbert decidió ascender, buscando visibilidad y evitando nubes que se consideran peligrosas por su contenido atmosférico. Corrientes de viento cruzado, cargas eléctricas y demás, enemigas de cualquier tipo de avión porque limitan la eficiencia de avance de la aeronave, en ocasiones con consecuencias fatales. No obstante, la situación nos fue preocupando. Herbert, buscando opciones que beneficiaran al vuelo, fue cambiando progresivamente el rumbo, manteniendo por más tiempo la aeronave en el aire, y bajo esta condición se fue consumiendo el combustible. No teníamos capacidad para llegar a nuestro destino, por lo que decidió buscar la alternativa de aterrizar en el aeropuerto más cercano y llenar los tanques; sin embargo, continuaba haciendo estragos el mal tiempo, con mucha nubosidad. Tanto es así que se perdió completamente la visibilidad. Fue tan extenso el tiempo que nos mantuvimos en el aire que oscureció, haciéndose crítico el momento, por lo cual pidió auxilio al aeropuerto más cercano, el de San Felipe, estado Yaracuy, para guiarlo a su tan anhelado aterrizaje. En esa continua batalla y con la escasez de combustible, fue descendiendo hasta que por fin percibió las luces de balizaje del aeropuerto señalizando la pista, aterrizando sin mayor contratiempo. Gracias a Dios todo salió bien. Fue un momento de angustia, porque ahora éramos nosotros los que estábamos pasando por esa desagradable situación, que vivimos al igual que tú, hermano, pero con un feliz y oportuno término. Por mi mente pasaron todos los escenarios de mi vida, la familia, mi futuro. Se truncaban todos mis planes. Quedábamos en manos de Dios y de nuestros destinos. Otra historia que contar.

Ya cayendo la noche y por lo tarde que era, Herbert decidió seguir nuestro rumbo por tierra y dejar la avioneta en ese aeropuerto. Después, con más tranquilidad, iría por ella. Para él era de mayor importancia llegar a nuestro destino, pues la familia nos esperaba. Nuestros familiares sabían que habíamos salido de Puerto Ayacucho; sin embargo, no estaban al tanto de lo sucedido y tampoco de nuestro paradero, por lo que ya se encendían las alarmas por esa situación. Tomamos un taxi, que nos trasladó directo hasta Maracay. Recuerdo que transcurría la noche; no habíamos comido, pero no era momento para hacerlo, así que el viaje fue sin paradas en el largo camino. En su trayecto lo que hice fue pensar. Me embargaba la tristeza, me brotaban las lágrimas de solo pensar lo que nos esperaba, toda una escena llena de conmoción, de llanto bajo el amparo de los abrazos, con lágrimas. Prepararse para ver principalmente a los viejos aceptando la realidad, tratando de consolar ese vacío que deja tu fallecimiento, hermano, ¡su primer hijo!, y que nunca lograrán verte por última vez. Serían momentos muy difíciles los que tendría que enfrentar con mucha valentía toda la familia, por lo que debíamos mantenernos unidos y buscar la calma y la paz interior. Por esa razón iba a manifestarse la fe en Dios, que venía de la vieja, que le llevara paz en esos momentos de pena. El detalle de ese viaje que recuerdo claramente y que me viene a la mente fue que el taxista llevaba encendida la radio y se escuchaba con mucha popularidad el tema de Amanda Miguel *Él me mintió*. Cada vez que la escucho me embarga la tristeza. El tiempo no se ha encargado de borrarla de mi mente y me traslado directamente a todo lo ocurrido en esos días tristes de septiembre.

Finalmente, casi a la medianoche, llegamos a casa en Maracay. Afuera una multitud nos esperaba. Al bajar del taxi hubo un desborde de abrazos. La primera en salir de la casa fue nuestra hermana mayor, Ligia. Nos miramos fijamente, los segundos más eternos de mi vida. Sentí que se me vino el mundo encima al abrazarme. Me desplomé sobre ella al igual que el llanto sobre mí, pero a la vez me apiadaban sus palabras preparándome para el encuentro con los viejos.

Una vez que entramos, el silencio se dejó sentir como el primer invitado y ahí estaba yo, rodeado de familiares y amigos. La viejita se abrió paso entre la gente y llegó a mi encuentro seguida del viejo. Quedé paralizado, sin saber qué hacer o decir. Finalmente, ella tomó ventaja: me cobijó entre sus brazos y poco a poco se fueron sumando muchos abrazos de toda la familia. Eso me dio la valentía para hablar, enfrentarme a la situación, pero cuando ya estaba por hablar la vieja se adelantó y comenzó a interrogarme tal cual se predijo en el camino:

—¿Lo vieron? ¿Qué pasó? ¿Cómo quedó?

Una sutil mirada crucé con José Rafael (Ñey), quien bajaba la cabeza de tristeza y de dolor. Sin dudar, como lo habíamos establecido, respondí:

—Sí, mamá, pero lamentablemente no lo podrá ver. Las leyes aeronáuticas sellan las urnas de los fallecidos en accidentes como este; por lo tanto, el velatorio será con la urna sellada, ¿entiende?

Nuevamente el silencio reinó, pero finalmente aceptó, sin entrar en detalles:

—¡Entiendo! —dijo para luego volver acobijarme en sus brazos.

Acongojado, sentía mucha rabia y dolor al mismo tiempo al ver que, aun mostrando aplomo ante la situación, en el fondo de los corazones de los viejos reinaba la desolación por reafirmar tu muerte en el accidente, Cigarrón, el más alegre de nosotros, el que formaba la algarabía cuando llegaba de visita, el que le ponía el corazón a la familia, el colaborador, el amuleto del viejo, como él solía describirte, y el punto más significativo: el primer hijo en fallecer. ¡Y de ese modo, hermano! (lágrimas y llanto).

Después de lo exhaustos que nos dejó el recibimiento, nos reunimos todos para organizar la ceremonia religiosa y darle cristiana sepultura a tus restos una vez que llegaran de Puerto Ayacucho. Al mismo tiempo comenzaron a surgir preguntas que sin querer perturbaban esa absurda tranquilidad y que daban paso a la inquietud de los que no sabían la verdad de lo sucedido. Ese era el caso de José (Pepe), nuestro hermano mayor. Él, por haber realizado estudios de mecánica dental, hasta te había hecho algunas restauraciones. ¡Es que no me falla la memoria! El caso es que, como él sabía un poco o mucho de eso, lanzó la pregunta:

—¿Ustedes lograron distinguir alguna dentadura en los restos que estaban en el avión? Bueno, lo pregunto porque los dientes resisten al fuego. De allí se puede identificar cualquier cadáver.

Pero era una respuesta que lamentablemente no teníamos, hermano. En cambio, a partir de esa pregunta solo tuvimos más desconcierto, confusión y una terrible impotencia que nos abrumaba al no tener conocimiento de dicha información. Sin embargo, el asunto no trascendió. Nadie tomó la iniciativa ni la decisión para darles la cara a esas interrogantes. ¡Todo quedaba en el aire! Te digo algo, hermano: nosotros participamos en la búsqueda y fue por la actitud decisiva que tomamos. Sí, es verdad, nosotros éramos muchachos y tampoco teníamos preparación ante esa situación, pero ¿cuál era nuestro objetivo? Queríamos encontrarte, Cigarrón. Y encontrarte vivo. Eso fue una vaina que nació como algo de nosotros mismos. La verdad, creo que el resto de nuestros hermanos también pudo haber tomado esa iniciativa y no los responsabilizo. Solo pienso que es algo que ya tiene preparado el destino, algo del momento que hace que se vayan empalmando las escenas que te encaminan por senderos oscuros que no tienen explicación. Creo que se dan porque así está escrito y nada más.

El hecho es que el agotamiento era de tal magnitud que no nos habíamos percatado de uno de los detalles más importantes:

a partir de ese momento fatídico de tu partida inesperada, ¿qué íbamos a hacer ante el futuro de tu familia, Flor y las niñas, ahora desamparadas? Así que a partir de ese momento fue tema de conversación, pues sabíamos perfectamente que dependían absolutamente de ti. Entonces la pregunta era: ¿quién se va hacer cargo de ellas, de su cuidado, de su educación, de todo lo que les vendría? ¿Solas? Aunque teníamos claro que era una decisión muy personal de Flor, por supuesto. Una mujer joven y bonita tendría todo el derecho de rehacer su vida; pero la verdad, Cigarrón, había muchos sentimientos encontrados, sobre todo tomando en cuenta que siempre fuimos una familia muy unida. Finalmente lo dejamos en manos de Dios, pero dándole todo el apoyo incondicional, solidaridad y, por supuesto, apoyo económico. Te comento que, después de que pasaran todos los malos momentos y cuando ya estábamos más tranquilos, ella por voluntad propia vivió cerca de nosotros, no se quedó en Caicara con su familia. Vivió por un tiempo en Caracas, con Ángel (Chucho) y su familia. Allí se sentía cómoda y en confianza.

Bueno, siguiendo la historia te cuento que eso era todo un revolú en casa de los viejos, todos prestos a cualquier eventualidad que ocurriera. Como siempre, todos unidos y cada quien atendiendo alguna labor. Llamadas constantes (no dejaba de repicar el teléfono), comida, limpieza, orden, funeraria, cementerio… Todo. Ah, y la bendita prensa, que no paraba de tocar ese timbre buscando detalles de la noticia para su primera plana. Te juro, Cigarrón, que me sentía agotado, como todos en la casa. Lo que quería era descansar del viaje y darle algo de reposo a mi mente, despejarla de toda idea perturbadora producida por el mal momento que estábamos atravesando. ¡Prepararme! Prepararme para el día siguiente, que sabía que estaría lleno de más contrariedades, de mayor movimiento, porque llegarían tus restos y aún teníamos que atravesar por ese proceso. Me negaba a que amaneciera, a que llegara el otro día, ¡pero llegó! Y llegó cargado de más actividad e intensidad.

Ya el día 5 de septiembre de 1981 llegó saturado de un incómodo y espeso ambiente. La casa se sentía densa en todos sus espacios a pesar de que todos seguían activos. Sabíamos que entraba la última escena, la escena donde concluía esta dramática historia que había empañado nuestros corazones para siempre. Se palpaba un estado de aceptación, o más bien de distracción transitoria por lo que sucedía, pero era por el hecho de que todos estaban ocupados, concentrados en las diversas y repetidas situaciones que se generaban a cada momento y pendientes de todos los aspectos, aunque en sus rostros se apreciaba el dolor de sus almas. Ese silencio que abordaba permanentemente, sigiloso y dañino, era evadido por alguna actividad cotidiana y necesaria, pero por más que hacías el intento no podías evitar que brotaran lágrimas de dolor y tristeza.

Sabíamos que tus restos serían transportados en un avión de la Fuerza Aérea Venezolana y serían entregados en el aeropuerto de la base aérea Libertador. Ya en horas de la tarde, ahí estábamos parte de la familia viendo cómo ese enorme avión militar aterrizaba y poco a poco se acercaba al hangar designado para la entrega de tus restos. Lentamente, como es la costumbre que alimenta el sufrimiento, fue abriendo su compuerta trasera, desde donde logramos ver tu ataúd (escena muy triste). Devastados por el dolor y la tristeza, te sacamos y te introdujimos en la carroza fúnebre directo a la funeraria, donde esperaba el resto de la familia y una multitud incontrolable e improvisada de personas que se concentraban en el lugar, dificultando cualquier acceso al pequeño local donde se iban a celebrar tus exequias fúnebres. Era lógico, hermano. Tu tragedia era noticia en el país entero. Nos acompañaban en nuestro dolor. El país entero estaba consternado con esa tragedia que enlutaba a nuestra familia. Escuché a la vieja expresar una frase inolvidable, con voz entrecortada:

—¡No hay dolor más grande para una madre que enterrar a un hijo!

Ahí estaba ella enterrando al suyo, joven, profesional, padre de familia con un futuro por delante. ¡Con apenas treinta años, Cigarrón! Ahí estaba ella sufriéndolo, su dolor, su tristeza. Sus lágrimas no cesaban, mientras que el viejo sollozaba incólume. En su rostro se reflejaban la impotencia y la tristeza, al igual que en el de todos los que ahí estábamos rodeando tu urna. ¿Sabes, Rómulo? Fue un momento realmente amargo y doloroso.

Recuerdo a nuestra hermana Lourdes (Yuya) acariciando la urna. Parecía sobar tu rostro con delicadeza y cariño. En fin, creo que fue su manera de despedirte. Ella te quería mucho. El cuñado (Pajarito) se transformaba cuando te veía. Eran tan felices y se la llevaban tan bien que parecían más hermanos de sangre que cuñados (risas sollozantes). Por algo se convirtieron en compadres, bautizándole a Maryorie. El hecho es que ahí estaba Lourdes devastada por el dolor. Me acerqué a su lado y ahí me quedé, acompañándola, tratando de calmar su pesar. Noté en sus ojos esa mirada perdida, sin enfoque, como si no estuviera allí. Estaba como hipnotizada mientras mantenía su postura. De repente giró su mirada hacia mí y me dijo:

—Yo no estoy aquí, búsquenme.

Me quedé atónito por lo que veía. Con la mirada localicé a Pajarito. Se acercó, la abrazó y se la llevó toda desorientada. Inmediatamente nos dimos cuenta de que se trataba de una revelación y que te había visto o incluso habían hablado. Era como si algo estuviera inconcluso. No sé, hermano, que algo estaba mal. Lo que pasó después es que Lourdes (Yuya) se desmayó. Menos mal que Pajarito la tenía sujetada entre sus brazos. La sentó y le dio algo de tomar hasta que de repente volvió a su estado de consciencia, refugiándose en el llanto como si no se hubiese dado cuenta de lo que pasó. Eso fue un momento confuso o más bien un hecho insólito. ¿Te das cuenta, Cigarrón? Seguían sucediendo cosas extrañas, eran como avisos que nadie captaba. Nos quedábamos paralizados frente a lo sobrenatural, pero nos manteníamos enfocados en el entierro. Era como querer dar un paso adelante, pero simplemente algo lo impedía.

El retraso por el procedimiento de la entrega de tus restos afectó al traslado desde Puerto Ayacucho a Maracay, así que contábamos con muy poco tiempo para el velatorio. Luego llegó el momento de salir de la funeraria rumbo al cementerio. Recuerdo que hubo muchas expresiones de cariño que te gritaban a medida que avanzábamos: «¡Arriba, Cigarrón, vuela alto! ¡Te queremos, hermano!». También hubo aplausos acompañados de lamentos. En fin, prácticamente fue toda una algarabía durante ese recorrido simbólico. Pasamos por la casa y por tus lugares favoritos.

Las calles estaban tan abarrotadas de gente que producía que se retuviera el tráfico. Te habías convertido en una especie de héroe o mártir para todos a partir de ese momento.

Un momento memorable fue cuando llegamos al cementerio. Recuerdo que cargamos tu urna en hombros, luego la elevamos tal cual si fuera un avión y tú su piloto, mientras la multitud seguía sus consignas. ¡Vuela alto, Cigarrón! ¡Vuela alto! Finalmente, te dimos cristiana sepultura. A medida que desaparecías en ese hoyo que, aunque no fuera tan profundo, en ese momento pareciera infinito, se hacía eterno. Y todo esto transcurría bajo la mirada de la prensa, que documentaba dicho momento, dando final a uno de los episodios más tristes y significativos de nuestra historia familiar y de todo el país. Este hecho doloroso provocaría un cambio importante y contundente en nuestras vidas. Las cosas no serían iguales a partir de este momento, amigo del alma. Por un largo tiempo iba a reinar un silencio marcado por ese luto que nos dejaba tu despedida y teníamos que hacer frente a la vil tristeza que nos embargaba no solo a nosotros, sino también a la gran cantidad de amigos que te apreciaban.

Pero no teníamos otra opción que seguir adelante, adaptándonos a tu ausencia física, y superar esta tragedia con fortaleza. Lamentablemente, no nos enseñan a superar la muerte, sino a aferrarnos a la vida, y aunque seamos conscientes de que la muerte siempre estará presente en cada uno de nosotros, no lo veremos nunca como el final de la vida, no estamos preparados para ello. La vemos como algo inoportuno, que llega sin previo aviso y de una forma cruel. Sorprende la infinidad de formas mortuorias que no aceptamos ni aceptaremos nunca. Y tú, mi Rómulo, mi

Cigarrón, ¡mi hermano de la vida!, no pudiste escapar de esta inusual forma. Simplemente, te tocó enfrentar a la muerte y ella te venció. ¡Ganó la batalla! Nos desconsuela desconocer todas las eventualidades por las que atravesaste en esa infernal aventura mientras te precipitabas a tierra sin control, todo el sufrimiento antes de tu muerte, no saber todas las dificultades a las que te enfrentaste, lo que recorriste con todos los que te acompañaban para sobrevivir. De verdad, te admiro por tu proeza, hermano, de verdad. Solo por saber que fuiste el último en morir y te sobrepusiste al dolor por tus heridas, que mantuviste honradamente tu compromiso: que tenías que llevar hasta lo último, hasta que no soportaste más, a la única sobreviviente. ¡Fuiste muy valiente, Cigarrón! (suspiro profundo).

El 6 de septiembre comenzaron los preparativos para las novenas, oraciones y rezos para lograr el ascenso de tu alma y el próximo encuentro con Dios. Se iban a llevar a cabo en una capilla cercana a la casa, te debes de acordar. Se iban a hacer a tempranas horas de la noche y organizadas por la viejita en compañía del grupo de la iglesia de la que ella formaba parte. Asistíamos los que podíamos; ya parte de nuestros hermanos tuvieron que retornar a sus hogares para seguir cumpliendo con sus actividades. La vida seguía, hermano. El sentimiento permanecía intacto, estaba muy reciente la tempestad por la que habíamos pasado. Ligeramente tranquilos, pero surgían inesperados sollozos que ablandaban a cualquiera, y yo no me escapaba de ello.

Ya las situaciones que se hicieron presentes se iban solventando. Katty, tu hija menor, estaba mejorando de su enfermedad. Ya el 7 de septiembre había un estado de resignación, pero se sentía tu ausencia, hermano, era muy evidente. Era un día entre comillas normal Terminado el segundo novenario, regresamos a casa a descansar de todo el ajetreo que vivimos. Todos pendientes de los viejos; eran el centro de atención y de de mayor consideración. Se evitaba hasta el más mínimo ruido posible para no perturbar su descanso. Recuerda que su habitación era la más cercana a la entrada de la casa y susceptible a cualquier murmullo que se hiciera. Por esa razón, los restantes miembros de la familia que permanecíamos allí decidimos ubicarnos hacia el lado posterior, lo más lejos posible. ¿Recuerdas la entrada de la casa donde ellos trabajaban su tapicería y otros trabajos artesanales? Allí permanecían sus equipos y herramientas de trabajo.

La casa estaba protegida por una reja que nos daba la oportunidad de tener una amplia vista hacia la calle, eso lo debes de recordar. Con esto trato de que hagas memoria, porque ya ha pasado mucho tiempo y vas a asombrarte con lo que voy a contar. Ya eran como las once de la noche. Estaba sentado, con las piernas cruzadas sobre el mesón grande que usaban para hacer los cortes de tela, conversando con José Rafael (Ñey) en voz baja, cumpliendo con la idea de no perturbar el descanso de los viejos, cuando de pronto se acercó al pórtico de la casa uno de los vecinos de la cuadra, al que le decíamos el abuelo por su cabello cubierto de canas. Nos acercamos para que los viejos no despertaran y saber a qué se debía su visita a esa hora. Se le notaba su curiosidad y preocupación, hasta se veía desesperado. Sin titubeos se fue directo a la pregunta:

—¿Cómo se llamaba la doctora involucrada en el accidente de Rómulo?

—Se llamaba Raiza Ruiz —respondí.

Agobiado por mi respuesta, algo aturdido y acelerado por la emoción que sentía, me dijo:

—Enciende el televisor, porque están dando un extra. ¡Esa doctora apareció viva! Pero antes de extender la noticia asegúrate de que sea la misma persona.

Apresuradamente buscamos el televisor y lo colocamos en el sitio donde estábamos sentados. Nos sacudió lo que estábamos viendo, para nosotros fue una verdadera sorpresa. En nuestras mentes no teníamos ni la más remota idea de que sucediera tan inesperada e increíble noticia. Justamente estaban hablando de ello al sintonizar uno de los canales de información. Recuerdo con mucha claridad que era Radio Caracas Televisión: «¡Urgente! ¡Última hora! Acaba de aparecer con vida la doctora Raiza Ruiz, que viajaba en el accidente ocurrido recientemente en Puerto Ayacucho, Amazonas».

Sin vacilar ni un instante, corrimos desesperadamente a darle la información al resto de la familia, con mucha cautela para que los viejos no despertaran. ¡Pero qué va, hermano! Fue tanta la emoción, la algarabía, que por más que lo intentamos los escándalos hicieron levantar de la cama a la vieja. No se hicieron esperar las lágrimas, solo que esta vez eran de la emoción ocasionada con solo pensar que tú estuvieras vivo. Ella, algo confusa, preguntó por lo que estaba ocurriendo:

—"¡Vieja! Apareció viva la doctora que iba en el accidente con Rómulo. Eso quiere decir que él también está vivo.

Allí mismo se incorporó el viejo. Aunque pendiente de su salud por lo reciente que estaba del preinfarto, su valentía y temple frente a la situación hicieron que lo tomara muy controladamente. Tú sabes cómo era él, con su paciencia y cordura. Rápidamente la noticia se hizo sentir en todo el país mientras nosotros hacíamos lo nuestro, informar al resto de la familia. Encendimos todos los televisores de la casa y los ubicamos en un mismo sitio para tener todos los noticieros y canales activos sin perder ni un segundo de cualquier reciente información. Nadie quería ceder su lugar frente a los televisores para no perder ni un segundo de lo que ocurría. Fue un verdadero regocijo; hasta salieron a relucir botellas de licor, haciendo brindis por ti y esperando recibir la noticia que más ansiábamos conocer: que tú estabas ¡VIVO! Sano y salvo. Te confieso que nos precipitamos. Sí, es verdad, hermano. Nos adelantamos a los acontecimientos, nos dejamos llevar por el momento, nos devolvió la felicidad aquella noticia. ¡Oye, no era de menospreciarla!

Fue un momento maravilloso, pero lleno de mucha ansiedad, pues solo queríamos y esperábamos escuchar que tú estuvieras vivo al igual que la doctora. Ella lo dijo con mucha seguridad: «Busquen a mis compañeros». Y de inmediato saqué mis conclusiones: si la doctora sobrevivió tanto tiempo en la selva, pues con más razón tú, Cigarrón. Tú, que sí tenías experiencia en supervivencia y militar. Es más, ¿sabes qué recordé? Lo que nos contaste aquella vez que transportabas una carga de naranjas, ¿te acuerdas? Arborizaste en una zona boscosa por una emergencia que se te presentó con la avioneta y estuviste tres días comiendo naranjas hasta que por fin te rescataron. ¿Y entonces? Por eso fue que yo deduje que tú, seguro, también estabas vivo.

No te voy a negar que fue una noche mágica, llena de alegría. Estuvimos hasta tarde conectados a los televisores hasta que finalmente los noticieros dejaron de transmitir, cerrando sus emisiones, y decidimos irnos a descansar con demasiada impaciencia. Al siguiente día, muy temprano, teníamos que reanudar tu búsqueda. Aunque sí te cuento algo: comenzaron a salir muchas interrogantes y dudas a las cuales se les tendría que conseguir respuestas. ¿Cómo es posible que estuviera ocurriendo todo esto? ¿Entonces qué fue lo que enterramos si no eran tus restos? ¿Cómo quedaba el médico con su informe forense? Si bien estuvimos ahí, nunca nos enteramos del resto del procedimiento. Todas esas preguntas quedaban en el aire, hermano.

El 8 de septiembre amanecimos en otro ambiente, donde prevalecían la alegría, el entusiasmo y el positivismo. Renació la esperanza tras esa inesperada noticia y la fe de recibir con anhelo detalles sobre tu estado físico, hermano. Se repetía la historia. Se organizó otra búsqueda. En esta oportunidad y para evitar errores fueron Pepe, Ángel (Chucho), también el cuñado Freddy y otros más que no recuerdo para asegurar que esta vez todo saliera bien. Los que nos quedamos en casa empezamos a turnarnos en todas las acciones. Me tocó a mí recibir a los periodistas de radio, prensa y televisión, que rondaban la casa en busca de alguna reacción sobre la aparición de la doctora Raiza Ruiz. Recuerdo que alguien que me entrevistó, uno con nociva conducta, me condujo a una situación arriesgada al formular una pregunta capciosa y de mala intención. Fue con relación a la situación de los restos que fueron encontrados en la avioneta:

—¿En el momento en que estuviste en el sitio del accidente observaste los restos óseos?

—Efectivamente, pero ocultamos la información para que a mi madre no le afectara, ya que no quería ver a mi hermano morir calcinado.

Esta respuesta costó para hacerla llegar a oídos de la Policía Técnica Judicial y no pasó tanto tiempo cuando fui citado para comparecer en sus oficinas. Los tuve que acompañar. Inmediatamente se prendieron las alarmas en mi familia, por lo que otros hermanos que permanecieron en la casa se apersonaron con un abogado alegando que yo aún no era mayor de edad y, por lo tanto, no me podían retener, pues la intención de la policía era mantenerme retenido por averiguación en el caso del accidente. ¡Imagínate, Cigarrón, yo preso! Estaba supernervioso. En mi vida había pisado una celda y, peor aún, por algo relacionado con tu caso. Sin embargo, no hubo mayor inconveniente, ya que por la rapidez con que se reaccionó la policía no tuvo más opción que dejarme en libertad.

De regreso a la casa pude explicar el asunto con detalles. Les conté a todos cómo se desarrollaron los hechos. Después de esta situación no se produjeron más visitas de ese cuerpo policial.

La nueva búsqueda dio sus frutos rápidamente. Esta vez fue positivo, pero los resultados fueron los mismos de la primera vez: te encontraron, pero ya fallecido, hermano (cabizbajo y dolido). Nuestro hermano Pepe te reconoció por unas piezas dentales que él mismo te había restaurado. Nos comentó que tu cuerpo yacía recostado en el tronco de un árbol caído, que estabas destrozado. Habías sido devorado por animales salvajes que habitan en la selva amazónica. No tenías rostro ni parte del pecho (con lágrimas en los ojos y voz quebrada). También nos dijo que observó un detalle que estaba cerca de tu brazo derecho, un zapato. Supuso que te habías defendido de algún ataque animal. También localizó grabado en el tallo del árbol el nombre de Yenny, tu hija. ¿Sabes qué me vino a la mente? ¿Por qué la doctora, en el momento en que los indios la encontraron moribunda en la selva, lo primero que dijo fue «salven a mis compañeros»? He de suponer que entonces estabas vivo, pero nunca supimos que tu estado era delicado. Sufriste mucho, hermano, sé que sufriste… Para ti no fue fácil sobrevivir con tantas heridas y quemaduras producto del accidente.

Así iban transcurriendo los días sin entusiasmo. Comenzaron a surgir otras situaciones irregulares. Tras la información sobre la aparición de la doctora Raiza Ruiz, un juez solicitó la exhumación de los supuestos restos que estaban en el féretro, ya sepultados, y para ese acto acudió nuestro hermano Ramón (Monche) en representación de la familia. Se sumaron nuevos acontecimientos cargados de incertidumbre y confusión. Cuando se procedió a la apertura del féretro quedaba al descubierto lo que siempre sobresale, la verdad: la urna solo contenía dos sacos de cal y una bolsa plástica llena con una osamenta animal. Por supuesto, la noticia no se hizo esperar y voló como pólvora nuevamente.

Los días siguientes fueron muy difíciles para todos nosotros. Ya sabíamos que no habías corrido la misma suerte que la doctora. Se especuló mucho, lo que hacía confusa la situación. Queríamos conversar con ella; los viejos y todo el resto de la familia deseaban enterarse de los últimos días que ustedes pasaron juntos en la selva.

Supimos extraoficialmente que se conocían, o por lo menos no era primera vez que ella viajaba contigo. También nos enteramos de que la doctora Raiza Ruiz había escrito una carta, una carta donde relataba detalladamente todo lo sucedido, pero suponemos que sus abogados le prohibieron que nos la transmitiera y jamás supimos de ella.

Fue la única sobreviviente de esa tragedia, así que fue su historia la que tomó fuerza y la que fue promovida por los medios de comunicación aprovechando el momento.

Llegamos a la conclusión de que fue decisión de sus abogados para tomar tiempo, adaptar la historia centrada a su conveniencia y, obviamente, no comprometerla en ningún momento. Allí empezamos a movilizarnos, a recopilar información relacionada con lo ocurrido. Había detalles que nos hacían dudar de su versión, no en toda la historia, pero sí en partes de ella. Fíjate en este detalle: ella dio sus primeras declaraciones en una rueda de prensa a los tres meses de estar hospitalizada y relató los hechos a los medios de comunicación:

—… de Maroa hacia San Carlos de Río Negro dura por avión una media hora. Como más o menos a la mitad del viaje había un mal tiempo terrible y me encuentro que estamos metidos entre los árboles. Inmediatamente trato de ver. Pensé que todos estaban muertos porque nadie gritaba sino yo solamente. Gritaba muchísimo. Afortunadamente salí ilesa de eso, este… Pero me quedé tratando de ayudar al piloto, que era la persona que tenía más cercana, a desabrocharse el cinturón y gritándole, dándole ánimo a ver si… Humm… Que reaccionara pues para ver cómo disponíamos a salir de allí, con la mala suerte de que en ese momento, cuando yo estoy disponiéndome a ayudarlo, estalla el aparato.

»Vamos las tres personas, este… En fila se puede decir. Iba el piloto adelante, este… Yo iba en el medio y atrás iba el señor colombiano. Cada rato teníamos que detenernos porque el señor se quejaba de terribles dolores. Nos descansábamos un ratico y seguíamos adelante hasta que por fin, por buena suerte, conseguimos un riachuelo. El señor decide por su… O sea, decide quedarse en ese sitio. Entonces el piloto me… Se acerca a mí: «Mira, el señor no puede seguir más, no puede ver casi, se queja de terribles dolores». Dejo de oír a Cigarrón, me entra el susto más grande de mi vida y paso lo más rápido que puedo hasta el sitio donde él está, y cuando lo encuentro ya está muerto.

»… en ese momento pienso que si, este… Si nos encontrábamos en Colombia, yo tenía que llegar al río. El río me queda hacia el este, el este es donde nace el sol y, bueno, así mismo sigo yo mi camino con la mala suerte de que ese día, viernes, vuelvo a llegar como a las cinco o seis de la tarde. Llego de nuevo, cinco o seis de la tarde, al sitio donde estaba el cadáver de Cigarrón. Paso la noche con él. Me toca pasar esa noche al lado de un cadáver. El día sábado ya no era lo mismo. Pasó un avión. Yo, a todas estas, estaba esperanzada en que ese avión nos estaba buscando, pero me dio muchísima rabia de todas formas, porque solo un solito avión. Y decía: «¡Buena cosa pues! Como se cayeron cuatro gafos en el avión, ya no lo van a seguir buscando».

»… así sería el estado en que yo me encontraba que unos de los niños se desmayó y ellos se fueron volando, pensando que fuese algún espíritu o alguna cosa por sus creencias religiosas. Se fueron corriendo y se lo comunicaron a sus mayores. Estoy en eso, gritando, gritando y gritando, cuando repentinamente, como a las once de la mañana más o menos, veo a los señores, a cuatro señores indígenas, y son los señores los que me rescatan.

»Empecé a gritar, a maldecir todo, todas las cosas, a todo el mundo, pensando: «Bueno, tanto caminar para yo venir a perder mis piernas», porque tenía una pierna que era para perder. Fue donde me sobrepuse a eso y empecé a dar mis indicaciones médicas: «Bueno, vayan buscando anís para sacar los gusanos, vayan cuadrándome una vena, empiecen a hidratarme». Doy mis indicaciones: «Pónganme toxoide, empiecen a ponerme antibióticos y avisen inmediatamente a Ayacucho para que manden una avioneta a buscarme lo antes posible, porque necesito tratamiento en una unidad de terapia intensiva porque estoy bastante mal».

¿Qué te parece, Cigarrón? Toda esta información es extraída de distintos medios de comunicación a los que la doctora Raiza Ruiz les dio declaraciones, declaraciones llenas de contradicciones en sí. También ha dado testimonio a los medios de cómo fue el rescate. A su manera, pero es el testimonio que ha prevalecido hasta el momento.

El rescate

El aeropuerto de San Carlos de Río Negro estaba muy lejos de merecer aquel nombre. En realidad, era una irregular pista de tierra labrada a pulso y con terquedad en medio de la espesura. Llegar hasta allí fue siempre una odisea; solo podía hacerse de día y rogando que por milagro de Dios no estuviese lloviendo. A las nueve de la mañana un médico, un odontólogo y un enfermero esperaban la avioneta donde venía Raiza Ruiz para volar con ella hasta la capital del Territorio Federal. Al ver que no llegaba empezaron a preocuparse y decidieron comunicar su inquietud a las autoridades. El clima ese día no era el mejor y cualquier cosa podía esperarse. El señor Luis Soto, jefe local de la Defensa Civil, recibió el aviso y de inmediato activó la búsqueda. Hizo llamadas a Puerto Ayacucho, pues por lo intrincado de la zona se necesitaba todo el apoyo logístico, humano y material que pudieran proveer las otras entidades del país y eso debían coordinarlo desde Caracas.

El general Guerrero Zambrano, director nacional de Defensa Civil, se comunicó de inmediato con la División de Búsqueda y Salvamento del Ministerio de Transporte y Comunicaciones, desde donde enviaron un equipo hacia el Amazonas. Al mismo tiempo una flotilla de aviones y helicópteros partía de Maracay y Valencia. Los pilotos comerciales sumaron sus esfuerzos en las tareas de rescate. Los días siguientes se dedicaron a tratar de localizar el aparato, que presumían siniestrado en algún punto entre Maroa y San Carlos. Se pidió permiso a las autoridades colombianas para sobrevolar una porción de su territorio, pues cabía la posibilidad de que hubiesen caído al oeste de la línea fronteriza. Bogotá concedió el permiso y parte de los equipos peinó el lado colombiano.

No fue sino hasta el jueves 3 en la mañana cuando se localizó la Cessna YV-244-C. Una vez que se dio el aviso, el helicóptero de Carabobo partió al sitio y por medio de cuerdas dejó caer desde lo alto a un grupo de jóvenes con la misión de revisar el lugar y construir un helipuerto que permitiera rescatar a las víctimas. Fueron estos muchachos los que informaron de que el avión estaba calcinado:

—Solo hay cenizas —dijeron—. Únicamente hay un cadáver reconocible. Lo demás son pedazos de carne y huesos carbonizados.

Al sitio fueron llevados el médico rural José Castillo y su ayudante, Paúl Piñero, quienes se encargaron de procesar los restos. Desde Puerto Ayacucho envían cuatro urnas y un soldador, al que dan la orden de soldar los féretros: «Hay que sellarlos, porque los restos son irreconocibles». A las 6:30 de la tarde de ese mismo jueves el gobernador del Territorio Federal Amazonas, Armando Sánchez Contreras, solicitó a la Policía Técnica Judicial que enviara una comisión de expertos forenses para el levantamiento de los cuerpos. Esta comisión, que fue trasladada a la zona por un avión de la Fuerza Aérea Venezolana, llegó a la mañana del día siguiente. Apenas llegar, sus integrantes se entrevistaron con el juez Baudilio Azuaje Fernández y todos se trasladaron al aeropuerto de San Carlos con la intención de ser llevados al sitio del siniestro, pero, para su sorpresa, el acceso a la zona les fue negado con la excusa de que en el área «ya había mucha gente». Como era natural, funcionarios y juez protestaron, pero de nada les valió. Sus argumentos se estrellaban contra el imperturbable muro que les interponía el jefe de la base aérea, un teniente de apellido Valecillos. Tratando de cumplir con sus obligaciones, los hombres se montaron en uno de los helicópteros, de donde al poco rato el teniente de marras los mandó bajar. Los funcionarios decidieron entonces levantar un acta en la que dejaban constancia de aquella irregularidad. Cuando redactaban el documento llegó un helicóptero con el cuerpo del policía Salvador Mirabal. Su padre, que estaba allí, reconoció a su hijo. El cadáver le fue entregado para que procediera a enterrarlo. Salvador Mirabal fue inhumado en el cementerio de San Carlos de Río Negro. Al regresar a Caracas los forenses entregaron el acta levantada al director del cuerpo, comisario Jorge Chacín, junto con un informe de lo sucedido.

Aquel mismo día, mucho rato después de la llegada de los restos de Mirabal, aterrizó otro helicóptero, en el que venían el médico José Castillo y su ayudante. Estos traían tres bolsas de polietileno que señalaron como contentivas de los restos de Raiza Ruiz, José Herrera y Rómulo Ordóñez. Según dijeron, era imposible hacer la necropsia, pues solo había huesos. La identificación se hizo partiendo de un par de hebillas y una cadena que se sabía que pertenecía a la médica. Horas después los supuestos cadáveres fueron depositados en la morgue del hospital local a la espera de ser enviados a Caracas, Maracay y Colombia. El doctor Antonio López, presidente del Colegio de Médicos del Territorio Federal Amazonas, firmó las actas de defunción. Con aquella rúbrica el caso quedaba cerrado y el operativo de rescate y salvamento se dio por concluido. Allá en la selva, las personas a las que se había dado por muertas luchaban desesperadamente por sus vidas, ahora con todo en contra, pues para el resto del mundo ya no existían… Pero con su aparición se desataron las pasiones en el país, una ola de indignación y estupor lo cubría. La pregunta que flotaba en el ambiente era: si la doctora Raiza Ruiz está viva y asegura además que con ella salieron el piloto y el juez, ¿entonces qué demonios hay en las urnas en las que supuestamente estaban sus restos mortales? La prensa trató de investigar y se topó con desplantes y evasivas; de pronto ningún funcionario estaba en su despacho y nadie sabía nada. La respuesta más frecuente que se oía era: «Aún no sabemos qué pasó. Debemos esperar a las investigaciones».

Por el momento, lo que más interesaba a todo el mundo era rescatar a las dos personas que quedaron en la selva, ver si habían logrado sobrevivir. Esto encendía los ánimos, porque a nadie se le escapaba el hecho de que si los grupos de rescate no hubiesen actuado con tanta negligencia aquellas dos personas no hubiesen quedado como quedaron, a su suerte. Nuevamente Defensa Civil, MTC, Fuerza Aérea Venezolana y grupo de rescate Humboldt se internaron en la selva. Pasaban las horas; aviones y helicópteros iban y venían. Los familiares de los desaparecidos aguardaban con expectación en la pista del aeropuerto de San Carlos deseando que se repitiera el milagro de la doctora Ruiz, pero al final las noticias fueron malas. Con mirada huidiza y en tono de telegrama, uno de los funcionarios anunció:

—Localizados los hombres. Muertos.

Las esperanzas se esfumaron, los rostros se cubrieron de lágrimas, el dolor dio paso a la rabia. Amigos y familiares repetían: «De no haber suspendido tan rápido la búsqueda, tal vez estuviesen vivos». Se reanudaron las preguntas que buscaban establecer responsables, pero, como en la letra de *Burundanga*, de Óscar Muñoz Bouffartique, «Songo le dio a Borondongo y Borondongo le dio a Bernabé». El gobernador del Territorio Federal Amazonas, Armando Sánchez Contreras, culpó a la PTJ y la PTJ, al gobernador; el gobernador acusó a Valecillos y Valecillos, a Defensa Civil. Para colmo, y buscando velas en un entierro del que no era doliente, el ministro de la Juventud, Charles Brewer Carías, dijo que pasó lo que pasó porque Defensa Civil no llamó a colaborar a sus equipos de rescate, que, según sus propias palabras, eran «los mejores del país». Esto hizo que el general Guerrero Zambrano, director nacional de Defensa Civil, montara en cólera y amenazara con elevar una queja formal ante el mismísimo presidente de la República.

Mientras las autoridades daban aquel triste espectáculo, los familiares de Rómulo y Raiza preparaban sendas demandas. Los Ordóñez exigían un castigo ejemplar, «pero, eso sí, no queremos chivos expiatorios, sino que paguen los jefes»; y los Ruiz eran claros al anunciar que «no irían contra los pequeños, sino contra los grandes».

¿Estás observando, Cigarrón? Toda esta información fue extraída de entrevistas del mismo año y muy reciente de haber ocurrido el accidente. En los siguientes años surgieron otras entrevistas que, en mi opinión, cambiaban la versión original de los hechos narrados anteriormente por Raiza. Es más, ese accidente donde tú perdiste la vida lo siguen recordando todos los años y aún es noticia, ¿qué te parece?

Por cierto, para este año 2021, el primero de septiembre, se cumplen cuarenta años de esa tragedia y hasta el sol de hoy, ya profesional en su carrera, la doctora Raiza Ruiz sigue dando muchas entrevistas, hace foros y hasta charlas de superación. Hasta conferencias dicta por todo el país. ¡La doctora Raiza hace de todo, Cigarrón! Pero sobre todo ha dejado a un lado, desapercibido, no sé si conscientemente o no, escribirle una carta a la familia. Los viejos murieron llevándose consigo la decepción de no haber logrado esa meta, la incertidumbre de estar al tanto de los últimos días que pasaste en la selva moribundo. Se resignaron. Así lo llevaron hasta sus últimos días. Incluso supimos por fuentes que hubo conversaciones entre la doctora Raiza Ruiz y tú mientras transitaban desorientados por la selva… Bueno, ella misma lo mencionó.

¿Sabes, hermano? Un reportaje que me llamó mucho la atención fue uno tomado de la página *Crónicas del Tánatos* (https://cronicasdeltanato.wordpress.com), publicado el 5 de octubre de 2012. Fue uno de los más completos, porque ese narra la tragedia, pero también la combinaron con un trabajo investigativo basado en las notas de la doctora Raiza Ruiz.

Hubo momentos de conflicto entre los cuerpos involucrados en la búsqueda debido a que en el momento en que se conoció la noticia de que Raiza estaba viva se prendieron todas las alarmas. De lo primero que se sospecha es de la mala praxis realizada en los restos óseos que ubicaron en el avión. El médico residente que se encargó, por cierto, se llamaba o se llama José Castillo. Él aseguró que la osamenta encontrada pertenecía a restos humanos. Otra inquietud fue a qué le dieron sepultura entonces y por qué lo permitieron. El caso se difundió rápidamente por todo el país, catalogándolo como un acto atroz, lleno de desidia e incompetencia. Y ahí no quedó el asunto, porque, Cigarrón, año tras año esa doctora ha dado entrevistas a medios nacionales y hasta internacionales. Hace un tiempo leí parte de una entrevista que concedió.

Las exhumaciones

El jueves 10 de septiembre se procedió a la exhumación de los restos que fueron enterrados en lugar de Raiza Ruiz. En el acto estuvieron presentes el jefe del Buró contra Homicidios de la PTJ, Carlos Martínez Álvarez; la jueza octava de Instrucción Accidental, Hortensia Rosales de Fagúndez; y el fiscal 38 del Ministerio Público, doctor Horacio Erminy. El equipo forense estuvo dirigido por el doctor Ramón Velasco Torres. Además de ellos y los obreros, había por lo menos un centenar de periodistas. La ceremonia fue breve; duró apenas doce minutos desde el momento en que los obreros recibieron la orden de excavar la tumba hasta que sacaron y colocaron la urna a un lado del hoyo. Los hombres rompieron la soldadura que sellaba el féretro a punta de golpes de pico, esperaron a que la jueza ordenara levantar la tapa y se hicieron a un lado para dar paso al equipo de médicos forenses.

Lo primero que vieron llenó de estupor a los presentes: en aquella urna no había más que dos sacos de cal y una bolsa plástica de color negro. La cal pesaba unos cuarenta kilos. En la bolsa encontraron una costilla y un fémur, la primera de un venado y el segundo de una lapa. El viernes 11 se repitió el acto, esta vez en el Cementerio Metropolitano de Maracay, y sucedió lo mismo. En lugar de los restos de Rómulo Ordóñez solo había cal y restos de animales. En las primeras investigaciones se determinó que los restos orgánicos fueron metidos dentro de las urnas en el aeropuerto de San Carlos de Río Negro en presencia del señor Díez Cúrvelo, del Ministerio de Transporte y Comunicaciones; del teniente de Bomberos Aeronáuticos Domingo Rodríguez;

y del médico Antonio López, que fue quien firmó las actas de defunción. Luego procedieron a meter los sacos de cal y a sellar los féretros. Se supo además que aquellas bolsas de cal fueron llevadas desde Puerto Ayacucho hasta San Carlos de Río Negro en un avión C-123 de la Fuerza Aérea Venezolana.

Esa misma semana un grupo de abogados anunció una demanda por negligencia, irresponsabilidad y estupidez. Negligencia e irresponsabilidad porque no se agotaron todos los recursos en la búsqueda y rescate, contribuyendo con ello a que las víctimas del accidente murieran solas en la selva; y estupidez **«porque quien confunda los huesos de una lapa con los de un humano o jamás ha visto una lapa o nunca ha visto a un humano»**.

Por su parte, el juez segundo de Instrucción del estado Aragua, José Ignacio Escalante, anunció que solicitaría la encarcelación del gobernador del Territorio Federal Amazonas y el director Nacional de Defensa Civil. Otros tribunales del país se abocaron a conocer del caso y todos los involucrados fueron llamados a declarar. El jueves 10 de septiembre, en horas de la tarde, el fiscal general de la República, doctor Pedro J. Mantellini, declaró que para su despacho era necesario esperar a que la doctora Raiza Ruiz se recuperase completamente para que a partir de sus declaraciones se pudiese encauzar la investigación, además de solicitar ante la Corte Suprema de Justicia la radicación del juicio, que para ese momento era ventilado en tres juzgados del país.

Como podrán inferir nuestros lectores, el escándalo pronto fue sepultado por otros hechos de interés noticioso que lo fueron echando al olvido. Como sucede casi siempre, nadie resultó culpable, pero sí se configuró una lamentable situación jurídica que desde entonces y hasta ahora (por increíble que parezca) ha debido enfrentar Raiza Ruiz: a pesar de estar fehacientemente viva, ella no existe jurídicamente desde hace 31 años, pues por decisión de un tribunal de Puerto Ayacucho está oficialmente muerta.

¿Sabes? Recientemente, dándole apoyo a Pepe, que ya está mayor y los años ya le están afectando su salud, lo llevé para que se hiciera algunos exámenes médicos. Me contó que allá por donde él vive, cerca del lago de Valencia, en un caserío llamado Los Mangos, estuvieron unos médicos haciendo como un operativo de salud para el sector campesino y cuando le tocaron la puerta quedó sorprendido con la visita. Casualidad, le tocó la mismísima doctora Raiza Ruiz. Él con mucha cautela le preguntó:

—¿Usted es la doctora Raiza Ruiz?

—Sí, soy yo. ¿Cómo sabe mi nombre? —le contestó ella.

—Yo soy José Ordóñez, hermano de Cigarrón. ¿Lo recuerda?

Pepe me cuenta que al decirle esas palabras se dio la vuelta y se fue sin cruzar palabra con él, sin darle la oportunidad de plantear alguna conversación. Te digo que eso fue recientemente. Según él, entre julio y septiembre.

Lo cierto, hermano, es que después de casi cuarenta años ella, tras ese gesto, mantiene sepultada y escondida esa historia, de la que nosotros no logramos obtener información, y yo siento que oculta muchas cosas de lo que ella narró.

La aparición de Raiza causó gran conmoción e indignación en la familia. Cuando pensábamos que la alegría y la felicidad se habían recuperado, se desvanecieron en menos de veinticuatro horas y, coño, yo me pregunto: ¿por qué tantos errores? ¿Por qué tanta ineptitud del personal médico para levantar los cadáveres, la asistencia de personal no habilitado en la búsqueda, la suspensión de la búsqueda una vez que hicieron oficial la muerte de todos los involucrados en el accidente? Todo ello aunado a la decisión por parte del jefe de la base aérea de Puerto Ayacucho de denegar el acceso a expertos de la Policía Técnica Judicial enviados especialmente para el levantamiento de los cuerpos. En fin, todos estos errores cometidos fueron la causa para que tú y el otro pasajero, el juez de gallo colombiano, no lograran salvar sus vidas, hermano. Había que actuar inmediatamente por el estado crítico en que ustedes se encontraban.

Lo que se pudo saber en toda esta investigación fue que personas irresponsables y sin escrúpulos no tuvieron compasión y fueron capaces montar un gran acto de engaño, de rellenar las urnas con bolsas de cal y restos de osamenta animal simplemente con la idea de mantener un estúpido cuento para no levantar sospechas. Encima de todo este mal proceso, de sellar las urnas bajo la coartada de que los cadáveres quedaron irreconocibles, una vil falsedad que en corto tiempo cayó por su propio peso. Y para un carajo hicieron todo eso, porque todas estas irregularidades fueron tomadas en cuenta para iniciar las respectivas averiguaciones y dar con los responsables (con enojo).

Pero lamentablemente, y hay que admitirlo, todo quedó en estado estacionario, fue a parar a un archivo, groseramente engavetado, y lo que queda reposando en nuestra vida es el intenso mal recuerdo de haberte enterrado en dos ocasiones sin importarles el dolor que embargó a toda la familia. No hubo culpable, todo quedó en el limbo, en el umbral de lo desconocido, como si no hubiera pasado absolutamente nada. Solo quedó una historia llena de expectativas, de aventuras, una historia que conmovió a todo el país. Simplemente fue una historia, a la que algunas personas le sacaron provecho llevándola a las pantallas, buscando ganancia y popularidad en un arte con una idea ajena; y otras haciendo dramatizaciones y recreación en el arte del espectáculo. Hasta un famoso escritor como José Ignacio Cabrujas llevó a la pantalla de RCTV un unitario basado en esa historia, al que le dio el título de *La tragedia de Raiza Ruiz* y que fue protagonizado por la actriz Carmen Julia Álvarez y el actor Gustavo Rodríguez, que fue quien te interpretó.

Por supuesto, en toda la familia hubo una reacción negativa, ya que en ningún momento el canal participó de este rodaje y tampoco se transmitió autorización alguna por tratar de manipular tu imagen ante el lanzamiento de este cortometraje. Se manejaron abogados para tratarlo legalmente, ya que nunca se nos solicitó nuestra opinión para lanzar dicho programa al público en general. Por supuesto, no surtió ningún efecto. Los años han pasado y no se escapan de recrear esa historia. Para el 25 de junio de 2019 el Universo del Espectáculo presentó por la emisora Pacífica, 90.7 FM, la recreación y dramatización llamada *La tragedia de Raiza Ruiz*, donde la doctora en persona, antes del evento, tuvo una entrevista con los locutores, recordando ese pasado que causó dolor para los familiares de las personas que no sobrevivieron. Y esa vaina la he llevado durante todos estos años dentro de mí, carcomiendo mis pensamientos, mis sentimientos, hiriéndome.

¿Sabes, hermano? Se van a cumplir cuarenta años de esa triste tragedia y no hay un momento de mi vida en que deje de recordarte. Tu imagen seguirá intacta, tal cual como el último día en que te vi. Eras tan joven, tan lleno de vida… Pero te fuiste con tan solo treinta años de edad. Te nos fuiste, Rómulo, mi Cigarrón, mi hermano. Te he llorado, ¿sabes? ¡Coño cómo te he llorado! Teníamos tiempo que no hablábamos así de largo. Y fíjate, todo por ese piloto que está ahí, disfrutando de su familia como seguramente tú lo estarías… (momento de silencio).

Se me hizo tarde, hermano. En casa deben de estar esperándome. Nunca me demoro tanto. Antes de partir quisiera contarte lo que yo viví, esos momentos llenos de mucha tristeza y que jamás le había confesado a nadie. Por eso necesito que me escuches con mucha atención.

Yo me aferré demasiado a ese pasado vivido. Constantemente me venían los recuerdos de ti que abatían mi estado de ánimo añorando estar contigo, pero la realidad era otra. Tú ya no estabas y me sentía derrotado, ambulante, sin rumbo.

¿Sabes? El mismo día que ocurrió el accidente iba a iniciar las clases en la universidad, allí mismo, en Maracay. La carrera que tú deseabas que estudiara, Ingeniería Aeronáutica. Tuve que presentar un examen de admisión. Eran solo trescientos cupos para 3.000 aspirantes que participaron ahí, en la Universidad de las Fuerzas Armadas, que por ese entonces se llamaba Instituto Politécnico de las Fuerzas Armadas Nacionales (IUPFAN). La lista de admitidos la publicaban por orden al mérito. Estuve seis meses preparándome para ese examen; era tan complejo e intensivo que empezaba a las seis de la mañana y terminaba a las seis de la tarde. Un nivel de exigencia impresionante. Claro, se trataba de una de las más prestigiosas universidades del país, en la que todo estudiante deseaba entrar. Yo era uno de ellos. Quiero que sepas que fue una ardua lucha con un final exitoso: resulté en el puesto 150 de los trescientos estudiantes admitidos, una gran satisfacción que me duró poco.

Me afectó demasiado lo que sucedió contigo. Ese inesperado día abandoné el inicio de clases porque para mí era prioridad incorporarme a tu búsqueda y, por supuesto, no vacilé en ir. Después de haber salido de esos días agobiantes, llenos de rumores, de falsas expectativas sobre si habías sobrevivido al accidente, me reincorporé a mis estudios, pero muy abatido y deprimido. Todo estaba muy reciente, la noticia aún se mantenía en el tapete. Un día me llevé una sorpresa. Resulta que el subdirector del instituto por ese entonces me comentó que te conocía y te tenía en muy alta estima. Me ofreció su apoyo y me llamó a su oficina en privado para brindarme sus condolencias y conversar de los hechos. Observé que estaba desconcertado.

Mientras acudía a la universidad, el agotamiento mental me dominaba hasta tal punto que no lograba una plena concentración, solo dormitaba en clases. Ya finalizando el primer periodo estuve a una décima de lograr la menor puntuación para la permanencia en el curso, así que opté por darme de baja. Un tiempo después conversé con tu amigo para reincorporarme, pero solo logró para mí la opción de volver a presentar el examen de admisión. Lo vi muy difícil porque, entre otras cosas, ya no me sentía preparado para hacerlo.

Meses después, ya al principio del año 1982, observé en la prensa local la apertura del proceso de inscripciones para el inicio de actividades curriculares en el núcleo de la Universidad Simón Bolívar ubicado en Camurí Chico, Naiguatá, situado en el litoral central del estado Vargas. Fue tanto mi entusiasmo, Cigarrón, que preparé el viaje y al poco tiempo ya estaba iniciando mis estudios en esa prestigiosa universidad. Allí cursé la carrera para egresar como técnico superior en Mecánica de Aeronaves.

Siempre mantenía en mi mente hacer una carrera dedicada a tu memoria, Cigarrón. En vida deseabas que culminara mis estudios en esa profesión; pues así te lo cumplí. Mi nueva casa de estudio me ayudó a balancear mis sentimientos, a centrar mi atención para establecerme y volver a la realidad, a aceptar lo que la vida coloca en el camino de este largo transitar, aunque siempre quedaban pequeñas heridas que inesperadamente me brotaban y por instantes hacían regresar la tristeza por los recuerdos, en aquellos domingos que circulaban por mi vida.

Por cierto, hermano, me enamoré de una morena bella que hoy por hoy es mi esposa. Un anécdota que mantengo, y muy curiosa, es que habíamos fijado la fecha de mi matrimonio meses después de graduarme para ir haciendo los preparativos con calma. ¡Ah! Pero resulta que en la universidad rodaron la fecha de graduación, que por casualidad coincidió con la fecha del matrimonio (risas a carcajadas). No solo eso; yo era el que hacía la oratoria de los graduandos. Bueno, hermano, eso fue un gran ajetreo. En la mañana el matrimonio civil y de allí corriendo a la universidad a la graduación. ¿Te imaginas todo el bochinche que se armó? ¡No vale! Ese día fue de doble disfrute, mi matrimonio y mi graduación. Pero hermano, me enamoré y hoy tengo una familia bellísima. Mi hija mayor me ha dado dos nietos que me dan esa felicidad especial como abuelo y los otros dos ya graduados, con su profesión. ¡Cómo los he disfrutado y cómo los admiro! Siento que cumplí mi misión (suspiro de satisfacción).

En la universidad hice grandes amistades, amistades que hoy por hoy conservo, pero había una en especial, Mireya, muchacha bella, alegre, jovial y agradable, oriunda de Ocumare del Tuy, de ascendencia italiana. Por cierto, se graduó antes que yo, pero no llegó a disfrutar mucho de su profesión. A los meses tuvo un accidente automovilístico y murió en el acto. Era como una hermana para mí y su apoyo fue incondicional en toda esa época. En una ocasión, cuando cursaba la carrera, nos invitó a la casa de sus padres. Recuerdo que fuimos todo el grupo un fin de semana. La verdad, la pasamos muy bien, nos divertimos mucho. Ya avanzada la noche, mientras descansaba del agotamiento, mientras trataba de dormir, florecieron de nuevo mis sentimientos, llegaron esos recuerdos contigo. Entonces entraron esas ganas de llorar incontrolables que no lograba calmar. Me sucedía con mucha frecuencia, ¿sabes? Tanto es así que acudí a la ayuda espiritual porque sentía la necesidad de hacerlo. Aunque por la vieja somos católicos, también he mantenido creencias espirituales.

Por nuestra sobrina Diyarberki conocí a una amiga experimentada en la materia. Tenía cualidades especiales y me ayudó a superar mi situación. Le describí todo lo que me estaba sucediendo contigo. Llevaba constantemente ese recuerdo con mucho dolor y tristeza, te soñaba demasiado, sentía como si no hubieses partido y disfrutaba de esos sueños aunque no los experimentara, pero todo esto me perturbaba. Me recomendó que hiciera un ejercicio mientras dormía: era afrontarte, convencerte de que ya no pertenecías a este mundo, de que era momento de que buscaras la paz eterna. Mientras, yo internamente me preguntaba cómo lograría hacerlo si estaba en pleno sueño.

Ese mismo día enfoqué mi atención para que ocurriera ese fenómeno. Lo hacía con cierta incertidumbre porque aún no estaba seguro de si funcionaría. Era, en plena concentración, sobrellevar la situación para mantener mi estado de reposo, atento a cuando se presentara la ocasión. Y de manera inexplicable se presentó la oportunidad.

Recuerdo claramente que íbamos a bordo de una canoa, navegando por un río de aplacadas aguas que nos llevaba sin rumbo. Simplemente disfrutábamos del momento y de lo que brindaba la naturaleza. Yo estaba ubicado en la proa y tú ibas remando. Sentía tanta paz interna porque estaba contigo… En tu rostro notaba la abundante felicidad, reflejada en tu intensa y permanente sonrisa deslumbrada por los destellos que solo un ser de luz puede tener. No existía ruido alguno que pudiera perturbar ese momento que disfrutábamos. Espontáneamente, de la nada surgió una conversación como parte del sueño. Era como si todo estuviera planificado. Era el momento perfecto para pronunciar esas palabras que no deseaba, pero que se hacían necesarias. Fue en ese mismo momento, en ese instante, cuando te dije: «Hermano, ya no perteneces a este mundo. Es hora de que descanses en paz».

Recuerdo ese momento con mucha nostalgia (con lágrimas), porque fue justo ahí, al terminar esa frase, cuando sin respuesta alguna tu adorable sonrisa se fue desvaneciendo por completo, llevándose consigo tu presencia y dando por concluida la escena. Desde ese instante se produjo una penumbra que por un instante se mantuvo. Como si finalizara una película, hermano. Se había acabado todo. Forzosamente desperté. Aún viva la imagen de lo acontecido en mi sueño, comencé a llorar inconsolablemente hasta que sentí una paz interna. En ese instante tomé consciencia, aceptando la situación, aceptando la realidad: eras el primer hermano que había fallecido en la familia. Cargué con una cadena de recuerdos tristes por todo lo hermoso que vivimos. Hoy han cambiado; ahora los recibo con alegría, consciente de que forman parte de una historia, una historia preparada para rememorar en plena libertad de conciencia.

Después de haber pasado por esta experiencia y analizando lo que es la vida, querido hermano, llegué a una justa conclusión: la ausencia de un ser querido, no importa si es parcial o total, hace florecer la tristeza, porque es la presencia de ese ser amado la que mantiene vivo el amor que sientes. Solo el tiempo tiene la facultad de apaciguar ese incesante vacío. A medida que va transcurriendo, va suavizando ese gran dolor y lo va transformando. Ya lo sientes como bellos recuerdos que permanecerán para siempre en tu memoria. Querido hermano, las despedidas son las que duelen y el que diga lo contrario pues que se despida (gesto de resignación).

Cónchale, se me hizo tardísimo. En casa deben de estar preocupados, porque nunca me demoro tanto. Me encantó conversar contigo, hermano Nos vemos; otro día nos echamos otra conversación así de sabrosa. Ya hablaremos de otros temas, ¿te parece?

No me olvides, Cigarrón, porque yo nunca te olvidaré al igual que a los viejos, que ahora están contigo, a mis hermanos y a otros que se han ido. ¡Nunca te olvidaré, hermano de mi alma!

¿Sabes? Siempre pienso en el día en que yo deje este mundo. Es difícil saberlo. Lo que sí te puedo decir es que las experiencias de vida son únicas. La reflexión que he percibido es disfrutar de la presencia de nuestros seres queridos dejando a un lado los problemas personales. Tampoco sabemos en qué momento ellos cumplirán su misión de vida.

Disfrutar cada mañana al despertar y agradecerles a Dios y al universo por todo ese regalo maravilloso que es la vida. Algún día también estaré en ese sitio lleno de paz, acompañándolos, pero yo no soy el que decide cuándo será.

Me levanté del banco de este parque del Buen Retiro donde una vez más conversamos, donde por primera vez te cuento tu propia historia. Esta vez voy con mi mente más despejada, más relajado y espiritualmente complacido por este reencuentro. Ya caminando y alejándome a paso acompasado, disfrutando lo que había vivido, me giré y lo vi desvanecerse, incorporándose a su morada, en su otro plano, acompañado de esa multitud que está con él, esta vez con esa sonrisa que le caracterizaba y que nunca olvidaré. ¡Ahora elévate, Cigarrón! ¡Elévate, hermano de vida! Elévate como estas palomas lo hacen en mi andar.

Por lo que se maneja, esta historia jamás se olvidará, permanecerá recordada en todo el país. Aún quedan datos desconocidos que solo los que estuvieron involucrados llevan en sus mentes, sin salvar la de Raiza Ruiz, que hoy por hoy esquiva la mirada a los que aún añoran saber por todo lo que pasó ese gran hermano que en vida nos rebosó de mucha felicidad y al que hoy mantenemos como un bello recuerdo en nuestros corazones.

Fin

La muerte es solo un estado transitorio que atraviesa el ser humano a la espera de un reencuentro con sus seres queridos; sencillamente se cambia de paisaje.

Rómulo Ordóñez Herrera, capitán Cigarrón (biografía)

Nació el 11 de febrero de 1951 en Caracas, Venezuela. Fue el noveno de una familia numerosa (13) conformada por ocho hermanos y cinco hermanas, más dos hermanos por la parte de su padre, José Visitación: Rafael (Falito) y Carmen. Su padre era zapatero y tapicero y su madre se dedicaba a cuidar a sus hijos. Su familia fue muy humilde, pero de esas familias trabajadoras que lo daban todo por darles educación y buenas costumbres por encima de todo.

Rómulo estudió primaria en la Escuela República del Ecuador, ubicada en la avenida San Martín, Caracas-Venezuela. Cursó estudios, no culminados, en la Escuela Militar de Música. A los veintiún años, cumpliendo el servicio militar obligatorio, estuvo haciendo formación en la Guardia de Honor Presidencial bajo la presidencia de Rafael Caldera en su primer periodo, 1969-1974. Al haber cumplido con dicho servicio incursionó en varios trabajos, chófer de autobús y tapicero, siguiendo los pasos de su padre, pero en los años 70 le nació un interés muy profundo por la aviación civil. Esto hizo que, con mucho sacrificio, iniciara el curso para piloto privado en la ciudad de Valencia, estado Carabobo, y posteriormente el curso de piloto comercial.

Desarrolló su habilidad en aviones monomotor recíproco de ala fija de hélice, lo cual facilitó su ingreso como piloto en pequeñas aerolíneas que prestaban servicio en las minerías ubicadas en el estado Bolívar, donde logró una experiencia notable, alcanzando 7.000 horas de vuelo. En el campo aeronáutico lo conocían por el seudónimo o apodo de capitán Cigarrón debido a su voz ronca y profunda, sonido semejante al zumbido que produce este insecto, la cual era reconocida en las torres de control al justo momento de hacer comunicación por radio. Esto lo hizo muy popular en la zona.

Fue padre de tres niñas: Mayerlyn, que nació el 16 de mayo de 1980, concebida fuera del matrimonio; y otras dos en unión matrimonial con Flor Conejero. Yennyree (Yenny) nació el 12 de agosto de 1979 y Sorayma (Katty), el 18 de septiembre de 1980. Para su familia fue un hombre admirable, con grandes principios, alegre, dicharachero, colaborador. En el poco tiempo que estuvo con sus hijas debido a su inesperada muerte les dedicó todo su amor, aprovechando cualquier instante para disfrutarlas.

El 1 de septiembre de 1981, en un conocido accidente aéreo ocurrido en el Amazonas, dejó de existir tras haber pasado cuatro días atrapado en la recóndita selva amazónica, teniendo en mente que ya para el 18 de septiembre su hija menor cumpliría su primer añito de vida.

Hasta ahora, nunca se conoció el justo momento en que Cigarrón dejó de existir. Fue el 7 de septiembre cuando se dio a conocer la aparición repentina de Raiza Ruiz. Queda en duda la información de su muerte, que, según ella, fue el 3. Solo queda en una gran incógnita.

La vida de Cigarrón estuvo llena de mucho sacrificio, pero él tenía esa gracia de transformar todo eso en alegría, en momentos de felicidad. Disfrutaba alegremente de su familia y de sus padres, a los que él llamaba con mucho cariño «los viejos». Hacía que el mundo se les convirtiera en pleno regocijo al momento que disfrutaba de su presencia, por lo que hoy por hoy se le recuerda con mucha melancolía y cariño, con ese toque de nostalgia que deja sembrado un ser especial como lo fue Rómulo Ordóñez Herrera, el capitán Cigarrón.

Siempre mantuviste la firme idea de que si te ocurría un accidente lo primero que harías sería salvar a los pasajeros. Cumpliste con tu misión, querido Cigarrón; ahora estás en permanente viaje.

Anexo gráfico

A continuación se muestran fotografías aportadas por el autor y algunas imágenes extraídas de diferentes periódicos de la época de circulación nacional que reseñaron el caso, lo cual contribuye a ofrecer un pequeño testimonio gráfico de la historia. Pese a que el paso de los años ha deteriorado el soporte físico, mermando de forma evidente su calidad, se ha optado por su inclusión en el libro al tratarse de documentos de gran valor.

Rómulo Ordóñez cumpliendo el servicio militar en la Guardia de Honor Presidencial bajo la presidencia de Rafael Caldera (Venezuela) en su primer periodo, 1969-1974

Visita de sus padres, Flor y José, a Rómulo Ordóñez a sus 21 años, cuando cumplía el servicio en la Guardia de Honor. En sus brazos, una de sus sobrinas, Katherine, con dos años de edad

Rómulo Ordóñez, capitán Cigarrón, en plena función de su profesión

Reseña de un periódico local

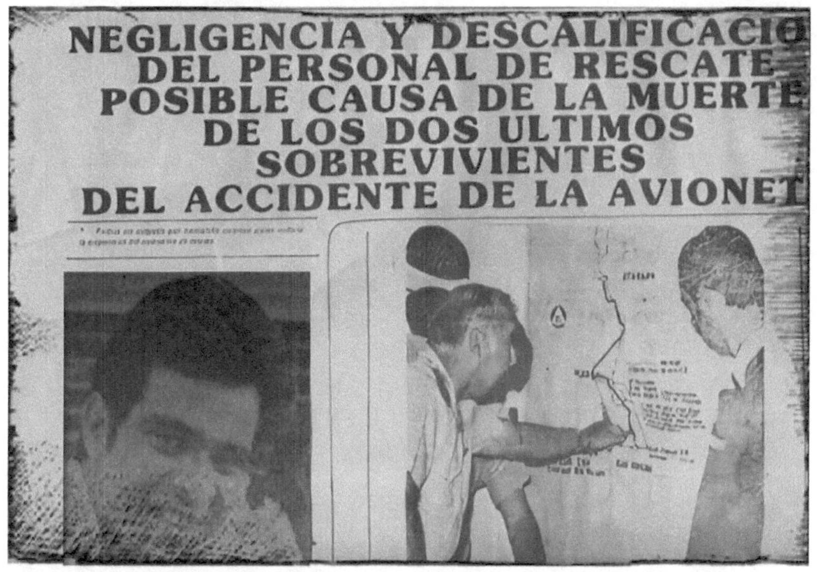

*Titular de un periódico local. José, «Pepe», hermano mayor del capitán Cigarrón,
colaborando en plena búsqueda*

Reseña de periódico local que muestra imágenes de los padres de Cigarrón y varios familiares

Varias reseñas de diferentes periódicos de circulación nacional

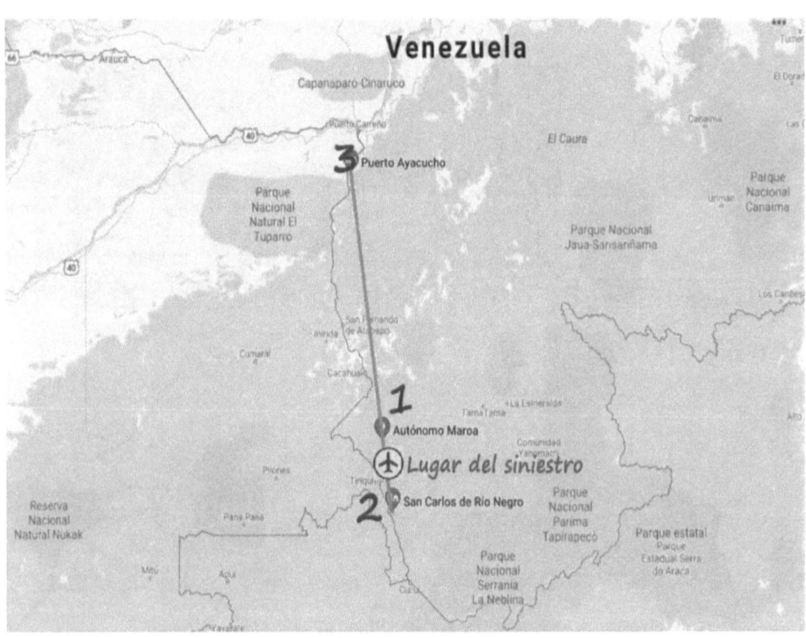

Mapa de la ruta del último vuelo programado de Cigarrón y lugar del siniestro del día 1 de septiembre de 1981

Bomberos y grupos de rescate en el lugar del accidente

Índice

Sobre el autor

Balmore Ordóñez Herrera nació en Caracas (Venezuela) el 20 de febrero de 1961. Su espíritu emprendedor le lleva a ponerse como reto incursionar en nuevos campos, esta vez en la literatura. Amante a la creatividad, donde le da rienda suelta a la mente para innovar, buscando acercarse a la perfección, cosa que le satisface por completo. Le gusta el canto y lo interpreta diariamente sin ninguna vergüenza. Siente la música como un medio necesario para descargar sus sentimientos. En su mente la mantiene como un gusanito musical las veinticuatro horas, 365 días al año de forma ininterrumpida, lo que le lleva a reflejar cada situación importante de su vida en alguna canción. Su principal inspiración es la familia como pilar significativo en la vida. Lo heredó de sus padres y hermanos.

Como parte de su musa, creatividad e inquietud, este autor novel debuta con su primer libro, expresando por medio de sus letras una historia real, producto de una experiencia personal vivida que forma parte de su pasado. En él rememora todo lo ocurrido en el año 1981, logrando descargar todos los recuerdos de los momentos más difíciles que desde hace más de 39 años lleva intactos en su memoria. Con este libro desea rendir un tributo a uno de sus hermanos, el capitán Rómulo Ordóñez, mejor conocido en el medio de la aeronáutica civil venezolana como CIGARRÓN, valorando su proeza en el accidente aéreo donde estuvo involucrado y del que logró sobrevivir, aunque «desafortunadamente» murió después de haberse mantenido vivo por cuatro días en plena selva amazónica. Su hermano fue su inspiración, un ejemplo a seguir y alguien a quien siempre añora, antes con mucha tristeza, pero hoy en día desbordando todo su sentimiento para lograr, después de tanto escribir, este humilde libro por el que espera que el lector se deje llevar y se involucre con esta historia real.